推し活大全

NHKあさイチ 教えて推しライフ

NHK「あさイチ」制作班

集英社インターナショナル

推しが尊い

もくじ

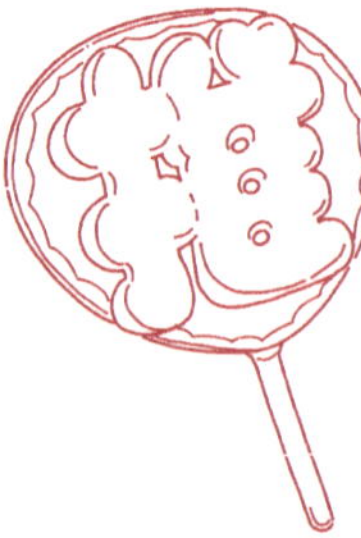

最高〜〜！
うちの推し天才…！
チケットとれた！
配信見てる！
たまらん

第2章 すごいぞ！推し活パワー

推し活リアルVOICE

第4章 幸福なハーモニー 音楽アーティスト推し

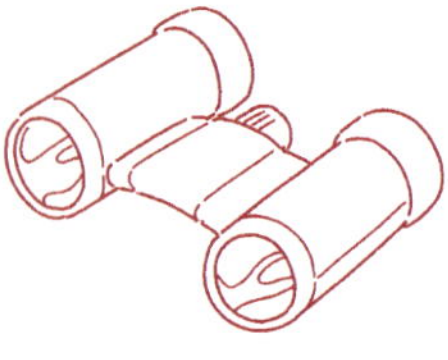

第8章 もっと知ってもらいたい！私の推し

※「推し活リアルVOICE」「Q&A教えて推しライフ！」「推し名書き」の情報・画像は基本的に番組放送時のものです。

推し歴30年の私がのべ10万件の〝推しアンケート〟ととことん向き合った話

2020年10月、『あさイチ』で一本の特集が放送された。

「テレビ越しに見つめられるだけで、胸がときめく……」

「毎日配信される動画が唯一の癒やし」

「年に一度の舞台を励《はげ》みに毎日を乗りきる！」

あなたの心を潤《うるお》す〝推し〟の存在。

みなさんの〝推し〟との生活や熱い思いを伝えた特集である。

（※『あさイチ』では〝推し〟＝熱く情熱を注いで応援している「人物」、または「キャラクター」を指すと定義しました）

❤かくいう、ディレクター（イノウエ）も絶賛推し活中です

なぜこの特集を企画したかというと、何を隠そう、私も絶賛推し活中のオタクだからである。聞かれてもいないが、ここで少し私の推し遍歴をお伝えする。こんな人間が、推し活の番組を作っていると思ってくれれば幸いだ。

小学生から中学生は、「KinKi Kids」（現「DOMOTO」）の堂本剛《どうもとつよし》さん推し。
テレビ番組を見てはキャーキャー言い、お小遣いをためてはＣＤやポスターを集める日々を過ごす。

高校生のときは、お笑いコンビ「品川庄司《しながわしょうじ》」さん推し。
劇場やテレビの公開収録に足しげく通い、出待ちを経験したのもこの頃だった。

大学生からは、ロックバンド推し。
なぜかこの頃から、「ほかの人と同じ人を応援したくない」というあまのじゃく精神が芽生え、深夜ラジオで流れる無名バンドの曲を聴いては、「これは、ダイヤの原石だ！」とほれ込み、〝レコ発〟遠征に明け暮れる日々。年間１００本を目標にライブハウスに行っていた記憶がある。

そして、現在。某俳優に心を奪われ、お金と時間が許す限り、応援をし続けている。推し歴ざっと30年。一途な性格ではないのは、この遍歴を見れば一目瞭然であるが、どの人に対しても全力で愛を捧《ささ》げてきた。365日、全力推し活中のイノウエです。

仕事がつらいときは週末の推しのイベントのことを考えながら、上司の叱責に耐え、大けがをして入院したときも推しの曲の歌詞をかみ締めて「絶対に元気になってライブに行ってやる」と誓いを新たにして乗りきってきた。

推しの存在は、私が書くのもおこがましいが、本当に偉大で、生活の一部で、神であり、支えであり、芥川賞を取った某書籍（宇佐見りん『推し、燃ゆ』）では、推しは「背骨」であるとの表現もあったが、まさにそのとおりだと思う。

そんな〝推し〟がいるだけで湧いてくる熱量、この思いは私だけではない、推しのチカラを形にしたいと思ったのが、企画の動機だ。

ここ数年で新型コロナウイルス感染症の拡大とか、悲しい事件・事故とか大変なことがたくさんあったが、推しがいれば少しはこの気持ちを吹き飛ばしてくれるはず、笑えるはず、今こそ推しのチカラが必要なのだ。

そこで、のべ10万件のアンケートと向き合った結果、〝推し〟の底知れぬパワーを感じた話をしたいと思う。

❤ある日突然アンケートがバズった

通常、『あさイチ』では、番組制作のための視聴者アンケートを行う。その一環で、私はそのときも何の気なしに通常業務としてアンケートフォームを投稿した。

生粋のネガティブ気質に加え、前の担当回では、30件くらいしか回答が集まらなかったという実績もあり、アンケートをする前から担当プロデューサーには「あんまり来ない気がします」とまで弱音を吐いていた。

ところが、これが尋常じゃなくバズったのである。

『あさイチ』で行う通常のアンケート回答数は、数百件いけばいいところ。

それが、たった1日で2万件を超え、2日後には3万件を突破、1週間後には、4万を超え、なんと最終的には、4万5060件という快挙を成し遂げた。10年以上続いている『あさイチ』史上過去最高の回答数を樹立したのだ。

SNSやインターネット上では、「全部回答しようとするとそこそこのボリュームがあるアンケートフォームから、推しを調査したいというNHKの番組の本気度が伝わってくる」「このアンケートを作った人は推し事経験者でしょうか？」などと、お褒めのお言葉さえいただいた。ありがとうございます。

♥推し愛が満ち満ちているアンケートをご紹介！

いちばん最初に回答いただいた記念すべき方は、「『Snow Man』の阿部亮平《あべりょうへい》さん」推しの20代女性。

2番目が、「『TEAM NACS《チームナックス》』の大泉洋《よう》さん」推しの50代女性。

3番目が、「サッカーの清水エスパルス」箱推しの40代の女性……というラインナップ。

これを見ただけでおわかりだろう。

アイドル、アーティスト、芸人、スポーツ選手、アニメ、声優、俳優、ゆるキャラに、政治家まで、幅広いジャンルの〝推し〟たちが一堂に会するアンケートとなったのだ。読み応えは、ありまくる。

そして、こちらは「推しの魅力」を聞いた項目に書き込まれた回答（アンケートより一部抜粋）。

白いピアノで弾き語りしている健人《けんと》くんがふいに私を見つめてきた一瞬で堕《お》ちました。

本当に一瞬です。王子さまとは彼のことを言います。健人くんのおかげで知らなかった美しい世界を知れ、人生バラ色。（元「Sexy Zone」の中島健人さん推し・40代女性）

一人の人間として不器用でも一生懸命ができるようになったすごい人です。不器用さを愛して、強さに憧れて、笑顔に泣かされてます。（アニメ『アイドリッシュセブン』の二《に》階堂大和《かいどうやまと》推し・30代女性）

ちょっと見ただけですごい熱量を感じませんか……？　推しへのあふれんばかりの愛を伝える内容、好きという気持ちをストレートに語る表現がステキすぎる。

ほかにも、字数制限を設けていなかったため、ひとつの項目に１５００文字以上書いてくださるツワモノも……これもはや小説ではないかと思わせる分量＆ストーリーを書き上げてくれた。

住んでいる場所も、年齢も違う。でも推しを語るときはみな同じ、愛が満ち満ちている！

♥推し名書き（推しボード）誕生秘話

熱量あふれる4万件のアンケートを前に、本当にうれしかったのと同時に、「みなさんの熱い思いに少しでもお応えしたい！」という思いがふつふつと湧いてきた。

残念ながら、放送には「尺《しゃく》」、つまり時間の制約がある。『あさイチ』の特集「60分」という限られた中では、お一人お一人のエピソードを読み上げることも難しい。チームで話し合った結果、自然と生まれたのが、投稿してくださった推しの名前を一覧にすることだった。

「少しだけですが、推しのお名前が映りますように……」というささやかな気持ちを込めて。

ジャンルを問わず約3000名の推しの名前を一覧にした、通称「推し名書き」。もちろん、「博多華丸さん、大吉さんの横に私の推しの名前がある！」などと、放送中に話題になってもらえればいいという思いも確かにあった。その思惑をはるかに超え、みなさんが楽しんでくれたというのがうれしかった。

放送後、SNSで「#後ろのボード」「#大島さんのうしろ」（ゲストが森三中の大島美幸《みゆき》さんだったため）がトレンド入りするとは想像していなかった。みなさんが一時停止をしてまで推しの名前を探してくれるということになろうとは！

ありがとうございます！

今ではこのボードを〝推し〟にひっかけて「推し名書き」と呼ばせてもらっているが、これも放送後、みなさんがTwitter（現X）で命名してくれた。本当にうまいこと言ってくれるなぁと感動した！（※ちなみに、このツイートをいち早く見つけたのが、当時、番組の〝推し担当アナウンサー〟だった松岡忠幸《まつおかただゆき》アナであった。さすがである）。

♥実は超アナログで推し名書き制作を行った件

しかし、いざ制作となるとこれがまた大変だった。推しの名前を一気に抽出する方法が見つからなかったのだ。

アンケートは、エクセルで一覧になって管理されている。「そうだ、1件1件、確認すればいいんだ！」という単純なことを思いつき、放送1か月前にスタッフ5人を投入。

実にアナログなこと……1件1件、推しの名前を確認して、新たに別ファイルに一覧にしていった経緯がある。

「テレビ局なのに、こんなアナログなことしていていいのかよ!」って突っ込みたくても、それしか方法がなく、夜な夜なスタッフで推しの名前の抽出に全力を注いだ。

「エクセルなら検索機能があるから、簡単でしょう」と思った方もいるだろう。しかし、現実は厳しかった。

たとえば、「嵐の二宮《にのみや》くん」「嵐のニノ」とこのように回答されると、ひっかからないのである。ある程度は検索で抽出できたが、結果、すべてに目を通すという作業が必要だった。そして、最終的には、この方々が本当に実在するのか、表記は合っているか、公式サイトを見て確認する作業を行う。

得意分野を生かし、2次元は松岡アナ、私は俳優・アーティスト、もう一人のディレクターは、宝塚を……と専門性を生かしチェックするという作業を乗り越え、制作期限ギリギリ、放送1週間前に一覧が完成した(それでもお名前が重複していた方、お名前が間違っていた方、大変失礼しました)。

こんな、原始的なことをしながら毎回制作していたのが「推し名書き」である。本書の巻末にもごくごく一部を掲載しているので、ぜひチェックしていただきたい。

♥「読んでないでしょ」、いや全部読んでいます

このプロローグを読んでいる方、アンケートに答えてくれた方の中には、このように思っている人もいるかもしれない。

「どうせ、回答数集めるだけ集めて、全部読んではいないのではないか」

「結局有名な人しか放送されなかったから、私の推しのことなんて読んでないに違いない」

だが、ここで断言する。回答してくださったみなさん、本当にありがとうございます。寄せられた回答数は、その後のコーナー化された19回の放送分の合計、実に約10万件！そのすべてに目を通しました。

もう一度言います、全部読ませていただきました。嘘ではありません。

「台湾の元デジタル担当大臣オードリー・タン（唐鳳）さん」推しのあなた、「後ウマイヤ朝の第8代君主アブド・アッラフマーン3世」推しのあなた、アンケート全部読んでいますよ。

「読むの大変じゃなかった？」と聞かれれば、「死ぬほど大変だった」と即答しよう。

どんどん増えていくアンケート。毎日毎日アンケートとにらめっこ、肩こりは悪化する

し、目もしょぼしょぼになってドライアイもひどくなった。字数制限しなかったことをひっそりと後悔した日もあった。

でも、それよりも1枚1枚のアンケートがとてもとても面白かった。これもまた事実である。

当然ながら、同じアンケート回答などない。推しを表現する言葉のチョイスもすごい。同じ方を推している人でも、〝好き〟と思うポイントが違う。「へー、こういう着眼点があるんだ」と思いながら、読み進める。

あいにく知らない推しが出てきたら、インターネットで検索し、「ほう、なるほど、こういう方もいるんだ……」とビジュアルを見ながら、エピソードに目を通す。

「ん、確かにかっこいい」「次にこんな舞台に出るんだ」と、アンケートを通じてみなさまの〝布教〟にまんまとハマっていった。

推し活のバリエーションの多さにも驚かされた。

たとえば、「ふるさと納税する」「献血に行く」「推しの誕生日にラッピングカーを走らせる」「楽屋のれんを贈る」など……創意工夫を凝《こ》らして推し活をしている人たちが山ほどここにはいる。まさに、推し活のアイデアの宝庫である。

そして、何より推しが人生に大きく寄与していることがわかるエピソードが満載だった。

推しに出会ったことで浮気が原因で婚約破棄となった彼を許すことができました。（「Sexy Zone」〈現「timelesz」〉箱推し・20代女性）

子どもの応援が生きがいでそのロスをどう埋めようかと悩んでいましたが、そんな必要はなくなりました。彼らを応援することで平静が保たれています。（「JO1」川尻蓮《かわしりれん》さん推し・40代女性）

いろんなことを再度挑戦したいと思うようになりました。英語力をさらに磨くようになった。海外のファンとの交流ができるようになった。（藤井風《かぜ》さん推し・40代女性）

赤裸々なエピソードもたくさん寄せられた。前向きな気持ちもつらいとき支えてくれるのも推しの存在である。日常や人生にそっと黙って寄り添ってくれるのが〝推し〟。いろんな意味をひっくるめてやっぱり、「推しが尊い」。

みなさんから寄せられる〝わかりみ〟案件に、私もこれは「全部読まなくてはならない……」という使命感にさえ駆られたのだ。

♥推しは違えど、〝わかりみ〟の連続

アンケートを通じて気になるワードやエピソードを書いてくれた方数十名ほどに、別途電話、オンライン、対面などで直接取材をさせていただいた。

追加の取材をお願いすると、「〝推し〟のためなら、取材を受けます！」「〝推し〟が出るかもしれないなら、取材受けます！」という前向きな回答がみなさんから届いた。

他テーマの取材とは比べ物にならないくらいすんなり取材をさせていただいた。ありがたい。これもまた、根底にあるのは、〝推しのため〟。

こちらも、取材をさせていただく方の推しの情報をひと通りは調べてから取材に臨む。最初は、取材という形もありお互いに緊張していたが、推しの話になるとまぁ、盛り上がる盛り上がる。

「30分から1時間の予定でお話を……」なんてお願いしていたが、どの方とも時間を延長して、2時間ほど、いや3時間話した方もいた。

語り終わった後は、推しは違えど、「ありがとう、同志よ」と声をかけたくなるほどまで深い関係になれたような気がする。

取材をさせていただいた方の職業は、大学教授に、小学校教員、主婦、通訳にＩＴ企業勤務の方、フリーランス、薬局勤務など、本当に多岐にわたる。当然年齢も10代から70代以上までと幅広かった。

ありきたりな言葉かもしれないが、みんな〝推し〟でつながれている。すごい世界である。

そして、取材をして思ったことは、推しは違えど、愛する気持ちは変わらない、熱量も変わらない、推しの幸せは自分の幸せ、推しが健康であることを願う……。

すべて〝わかりみ〟案件ばかりなのである。

取材して、「あー、わかるこの感覚」ということの連続だった。

そして、印象的だったのが、すべての方が推しの話をするときに楽しそうに幸せそうにイキイキとお話しされていたということ。

声が弾み、少し早口になりながら、そして満面の笑みで。そのキラキラの笑顔は忘れません。

中にははしゃぐことなく、かみ締めるように「推しは人生ですね、もう」と推しの魅力を語ってくれた方もいた、そちらももちろん忘れない。

♥あなたの笑顔を忘れない

取材を通じて、忘れられないエピソードがある。

番組本編にも出演してくれた「韓国の俳優ヒョンビンさん」推しの早川郷実さんだ。

電話の取材もたっぷり行ったうえ、実際にご自宅にお邪魔させてもらった。ご自宅は、退職金を使って、すべてリフォーム。テーマは、「ヒョンビンと一緒に過ごす部屋」。推し歴14年で、ＤＶＤや写真集、それに直筆のサインまで本当にとても貴重なものばかりが、所狭しとディスプレーされていた。

その中で、私がふと「いちばんお気に入りのグッズはどれですか?」と聞いたところ、早川さんが手にしたのは、なんの変哲もない「空《から》のコーヒーカップ」だった。

詳しく聞くと、それはイベントの際にヒョンビンさん本人から手渡しされたものだということがわかったが、いちばんお気に入りの理由を聞くと、「これを手渡ししてくれたときの優しい顔が忘れられない」という。

「ガーン」と頭を殴られた気分でいっぱいだった。

自慢できそうなレアなグッズだってたくさんあるのに、それではなくコーヒーカップを選んだ早川さん。「そこに愛はあるのか」、みたいな視点が少し抜け落ちてしまっていたことに気づかされた。

どんなグッズを持っているかではなく、推しとどんな思い出を持っているか。自分と推しの関係性がわかるものこそがいちばん心に残るのではないか。

〝推しへの思い〟――それをきちんと伝える番組にしようと心に決めた。

♥推し活は続くよ、いつまでも

推しアンケートと向き合って思ったことは、〝みんな違ってみんないい！〟ということ。推し活に正解はない。どんな推しでもどんな推し活でもいい。

それで、みんなが幸せならいいではないかと思う。

ありがたいことに初回放送の反響を受け、「＃教えて推しライフ」として、『あさイチ』でコーナー化が決定。

「推しライフ」＝「推し活」だけを指すのではなく、「推しと共に歩む人生そのもの」という意味を込め、スタッフ全員でタイトルを考えました。

これ以降も、ジャンルを変え、いろんな推し活を取材。私自身も、まだ見ぬ推しワールドに出会えました。最終的に番組に寄せられたアンケートは、なんと約10万件。

そして今回、それをまとめて書籍化することにもなった。

２０２０年10月5日の「教えて！　推しライフ」から、２０２４年2月14日&19日の「バレンタインに届け！　この思いＳＰ」までの全19回分の内容をぎゅっと凝縮してお届けします。

これからもあなたの推しライフが素晴らしいものになりますように！

２０２５年4月吉日

イノウエ（「教えて推しライフ」企画立ち上げディレクター）

第1部 "推しのいる生活"のススメ

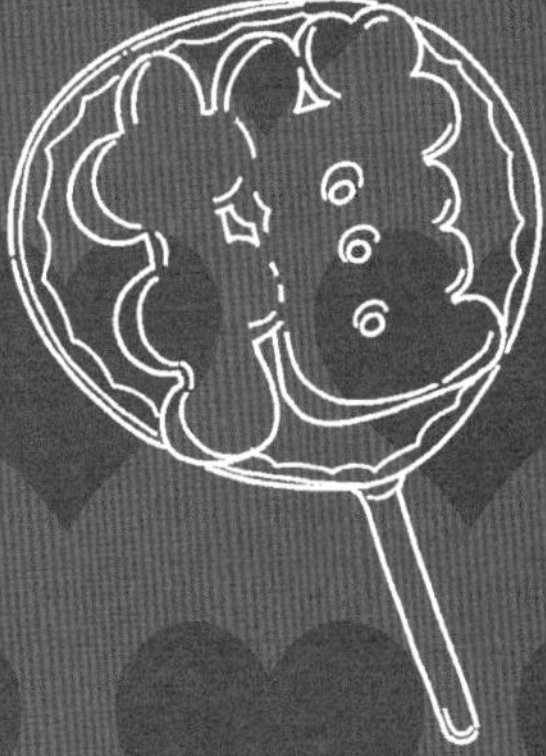

人生が輝くヒケツ！

第1章 "推しのいる生活"のススメ

♥人生を潤す魔法 "推しのチカラ"

今、巷《ちまた》にあふれる "推し" という言葉。もともとはアイドルのイチオシメンバーを指すワードだった。そのイチオシから転じて "推し"。それが今では、応援する相手を広く意味するようになったのだ。

応援する相手、"推し" のいる生活とはどんなものなのだろうか。

推しのいる人は推しとどうやって出会ったのか。

推しがいることで得られる喜び、うれしさ、切なさ、胸の苦しくなるような思い……とは。

「あなたの〝推し〟を教えて！」と呼びかけたかけたところ、寄せられた回答、なんと、のべ10万件。

俳優、アーティスト、声優、お笑い芸人、スポーツ選手、ゆるキャラから、アニメのキャラクター、戦国武将、ドラマ、マンガ作品などまで、ジャンルもさまざまながら、愛、熱量、文章の躍動感。そして〝推し〟がキラキラと輝いている場面の細かい描写、まだ〝推し〟に出会えていない人に我が推しのよさを知ってもらいたいという〝布教〟ともいうべき熱のこもった思いがあふれていた。

同じ人を推していても、それぞれまったく違うところに魅力を感じていたり、違う人を推している人同士の答えが不思議なくらい似ていたり。

ただ、共通しているのは、どのメッセージもイキイキとしていて、とてもパワフル。

「インドア人間でしたが一人で北海道から九州まで遠征できるようになりました」「更年期に気がつかないほど毎日楽しく生きている」「生きがい、喜び、楽しみ、すべてのポジティブ感につながっています」などなど、推しがいることで輝き出した楽しそうな人生が、一人一人の文字から透けて見えるよう。

そして、そのキラキラした文章を読むだけで、こちらまでうれしく元気になる不思議なパワーに満ちていた。

❤推しを持つことで得られるよい影響ベスト3

推しがいる人もいない人も、推しを探しているという人も、どんな人がどんなふうにどんな人たちを推しているのかは気になるところではないだろうか。

まずは、推しを持つことでどんないいことがあったかという声を紹介しよう。

第1位　推しに出会って考え方がポジティブになった

第2位　かけがえのない推し仲間に出会えた

第3位　家族との関係性がよくなった

第3位の「家族との関係性がよくなった」には、世代が違っていても、共通の話題を持つことで自然と会話が増えたという例がとても多かった。

たとえば「SixTONES《ストーンズ》」推しの40代女性からはこんな声が。「中学生の娘と応援中！『SixTONES』に出会った頃、娘は反抗期で会話がなかったけれど、推しのおかげで会話をするようになりました！」

ほかにも、アニメ『鬼滅《きめつ》の刃《やいば》』冨岡義勇《とみおかぎゆう》推しの30代女性からは、「子どもと共通の話題ができ、ケンカをしていても仲直りしやすい」。

親子だけでなく、遠方の親戚付き合いまでよくなった例もあった。「最初、一人でアイドルのライブに行く勇気がなく、娘についてきてもらったら、娘もファンに。その後、二人で全国津々浦々一緒に遠征に行くように。遠い地にいるご無沙汰していた親戚とも連絡を取って、泊めてもらったり、後日遊んだり」というツワモノまで。

❤SNS時代ならではの推し活

第2位の「かけがえのない推し仲間に出会えた」だが、SNS時代の推し活の良さは、実際に会っていなくても「好き」という気持ちを媒介にして、どんどん人とつながっていけることだ。

横浜流星《りゅうせい》さん推しの30代女性は、「インスタグラムを通じて推し仲間が日本中にでき、贈り物をし合う仲に。地方の名産品をいただけてうれしい」と語る。

そのほか、国境を越えた推し仲間と出会う人も。タイの若手俳優ガン（ナパット・ナ・ラノーン）さん推しの40代女性は、「ファンも海外の人が多く、Twitter（現X）で日本人以外の人と交流できるようになった」と、住む国も、育ったバックグラウンドも超えてさまざまな仲間ができたそうだ。

第1位の「推しに出会って考え方がポジティブになった」には、寄せられた言葉も特にポジティブ。

とにかく毎日が楽しい、自分の人生が輝いている。生きがいができた。同担（同じ人を推すこと）友だちができ、一緒に推しを褒めまくるときは至福のとき。（北山宏光《ひろみつ》さん推し・50代女性）

また、内面の変化を見つめた人も。

自分の性格が少し柔らかくなったと思います。推しさまに出会う前は、つくり笑顔やその場だけの言葉でごまかしてきましたが、自分の言葉で周りに発信したいと思うようになり、自分で考えた言葉で周りの人に意見を伝えたりできるようになりました。（2・5次元アイドルグループ「すとぷり」莉犬《りいぬ》さん推し・10代女性）

そのほか、「これまで舞台やミュージカルを実際に観劇したことがなく、生の芝居のよさに目覚めたこと」と、注視するエンターテインメントのジャンルが広がった人や、推しの行動を自らの指針とする人もいて、「行動に余裕ができた。『こんなとき、推しが何と言うか』と想像して深呼吸すると落ち着ける」と語る、ゲーム『刀剣乱舞《とうけんらんぶ》』同田貫正国《どうだぬきまさくに》推しの40代女性も。

♥推しが尊い！

情熱を捧げて応援する相手が特に神がかっているように輝いている瞬間に、思わず漏れてしまう。それが「推しが尊い」だ。推しが通ったかもしれないと思うと、普通の道までキラキラと輝いて見えたりも。

推しへの熱い思いで家事がはかどっているという人や、〝推し愛〟でダイエットに成功したという人も。

体形が変わったり、資格が取れたり、結婚が決まったり、人生が本当によい方向に変わっていく、〝推しのいる生活〟のススメ！

「"推し"の家政婦になったつもり」で家事
『愛の不時着』からヒョンビンさん推し

高宮真弓さん

コロナ禍のステイホーム生活中に、世界中を席巻した韓国ドラマ『愛の不時着』。北朝鮮の軍人と韓国の財閥令嬢が恋に落ちるこのドラマで、北朝鮮の軍人を演じたヒョンビンさんにハマった人も多かったのではないだろうか。都内に住む高宮真弓さん

16:54
きのこちゃん 키노코
ヒョンビンを見たときの幸せな気持ちを表現するアカ
ウント。4月、愛の不時着ロスから即TheSpace
#ヒョンビンで覚える韓国語 今の目標は
検定準2級合格。きのこちゃん と呼んでね
優位の耳野郎 배우 현빈 더순이
Tokyo 誕生日
2020年5月からTwitterを利用しています
162 フォロー中 379 フォロワー
ツイート ツイートと返信
固定されたツイート
推し専用アカウントを作成。心のまま愛をつぶやける場所。

もその一人。ドラマを見終わった後も、サウンドトラックはもちろんのこと、劇中でヒョンビンさんが持っていたのと同じキャンドルも購入し、毎日自宅でドラマの世界に浸っているとのこと。

「役柄をつくり上げるにあたっても、撮影においてもすごく熱心で、ぜんぜん手を抜かない。カッコいいし、なおかつ誠実でいい人だし。これはもう愛さずにはいられないなと思って」（高宮さん）

一人でヒョンビンさんへの思いをかみ締めていた高宮さんは、ある日この思いを誰かと共有したくなり、ｔｗｉｔｔｅｒ（現Ｘ）で推し仲間との交流を始めた。ヒョンビンさんについてのつぶやき用の専用アカウント「きのこちゃん」を作り、たくさんの人と会話を楽しんでいる。

高宮さんは、家族が寝静まった金曜の夜、週に一度楽しみにしているイベントがある。それが題して「＃つぶやき鑑賞会」。推し仲間と同時にドラマを再生し、鑑賞しながら決まったハッシュタグをつけて皆が思いの丈《たけ》をつぶやくのだ。

「瞬間、瞬間の感情を言葉で表現するのが醍醐味《だいごみ》かなと思いますね」（高宮さん）

「うわっ、急にヒョンビンに会いたくなっ

た。恋だ……」「ヒョンビンのアクションはスローで見ても美しい！」などなど、ツイート速度の速いこと！　ドラマを見ながらつぶやき続けること1時間半。このときのツイート回数は実に59回に及んだ。

「24時間、いつヒョンビンへの愛をツイートしてもいいし、受け止めてくれるし、思いきり表現できる場所だなと思います」
（高宮さん）

高宮さんは、ヒョンビンさんという強力な推しができたことで、実生活にも変化が訪れた。それは毎晩のフェイスパックと、体幹を鍛える太極拳、そして髪を染めないことを信条とするヒョンビンさんに倣《なら》って、茶髪から黒髪に戻したこと。彼のような美肌、美髪、そして肉体美を目指したのだ。

しかし高宮さんの推し活は、それだけにとどまらなかった。日々の家事に取り組む気持ちも大きく変わったのだ。

名付けて、「〝推し〟の家政婦になったつもり家事」。

「頭の中で、『もしもここがヒョンビンのおうちで、私がヒョンビンの家政婦だったらどうするか？』と考えたら、『もっと掃除やんなきゃ！』って気合いが入ります」
（高宮さん）

私が
ヒョンビンの
家政婦だったら
どうするか？

これまでは埃《ほこり》を取るだけの簡単な掃除だった彼女。今ではフローリングの雑巾《ぞうきん》がけまで行い、雑巾をすすぐ水にはアロマオイルを垂らすこだわりよう。拭けば拭くほどいい香りが部屋に漂う好循環。

「家がきれいになって、子どももきれいな床の上で遊べて。夫も、私が楽しそうだし、『育児の合間の息抜きになっていいんじゃない？』って言っていました。推し活をすることで、いいことが循環している気がします」と高宮さん。

推しの誕生日に発展途上国に井戸をプレゼント

ヒョンビンさん推し歴14年

早川郷実さん

リビングの一角には韓国の俳優ヒョンビンさんのグッズを飾る棚がまるで祭壇のように飾り付けられている推し歴14年の早川郷実さん。

推しの誕生日には手作りのメッセージカードを作成する。ヒョンビンさんの写真を

いつどこでもヒョンビンが目に入る空間にリフォーム。

黒地のボードに張ったり、切り抜いた写真と組み合わせたりと、手の込んだ卒業アルバムのクラスページのよう。

子育ても仕事も一段落した早川さんが最初に取りかかったのが、退職金を活用した住まいのリフォームだった。

「ヒョンビンと毎日一緒に過ごせるよう、いつでもどこでもヒョンビンが目に入る空間に変えました」（早川さん）

「壁一面ヒョンビン」「食器棚も全部ヒョンビン！」洗面所の棚にも写真を忍ばせるこだわりよう。そしていちばんのお気に入りゾーンは、ヒョンビンさんが掲載されている雑誌がぎっしり詰まった棚だ。

そして棚には空のコーヒーカップが。実はただのコーヒーカップではなく、これは早川さんの宝物。韓国でのイベントで、直接ヒョンビンさんから手渡しされたもの。

「このカップの先にいたあのときの彼の顔を思い出します。表情がものすごく柔らかくて優しいんですね。私の目の前でも、本当にステキな笑顔だったので、忘れられないです」（早川さん）

参加した一人一人に視線を合わせ、声をかけながらコーヒーカップを配ってくれた姿がとても印象的だったのだ。

50歳を過ぎてから推し活を始めた早川さん。ヒョンビンさんに会いたい一心で、今では一人で韓国にも行くように。

推しを応援することで国を越えた仲間に出会うことができた早川さんは、日本・韓国・香港と年齢も住む場所も違うのに、共通の話題でいつまでも話していられる生涯の友を得られたという。

「ヒョンビンのファンだというだけで、なんかもう家族関係みたいな。言葉が通じなくても、『これ見て！　ヒョンビンのカタログ』とか、『ヒョンビンのロケ地』と言うだけで、テンションが上がる。それだけで楽しいんですよ」（早川さん）

実は、こうして知り合った早川さんの友人たち3人が発起人になって、毎年、海外に向けてヒョンビンさんの誕生日に贈っているものがある。

日本・韓国・香港の推し仲間がお金を出し合って、ヒョンビンさんの名前が入った井戸を発展途上国に掘っているのだ。

井戸が掘られると、「ヒョンビン　37回目　誕生日　記念井戸」などと書かれた寄付証明書をヒョンビンさんの事務所に郵送する。それを毎年の彼へのプレゼントにしているのだ。

「推し活に使うお金の一部をこういったボ

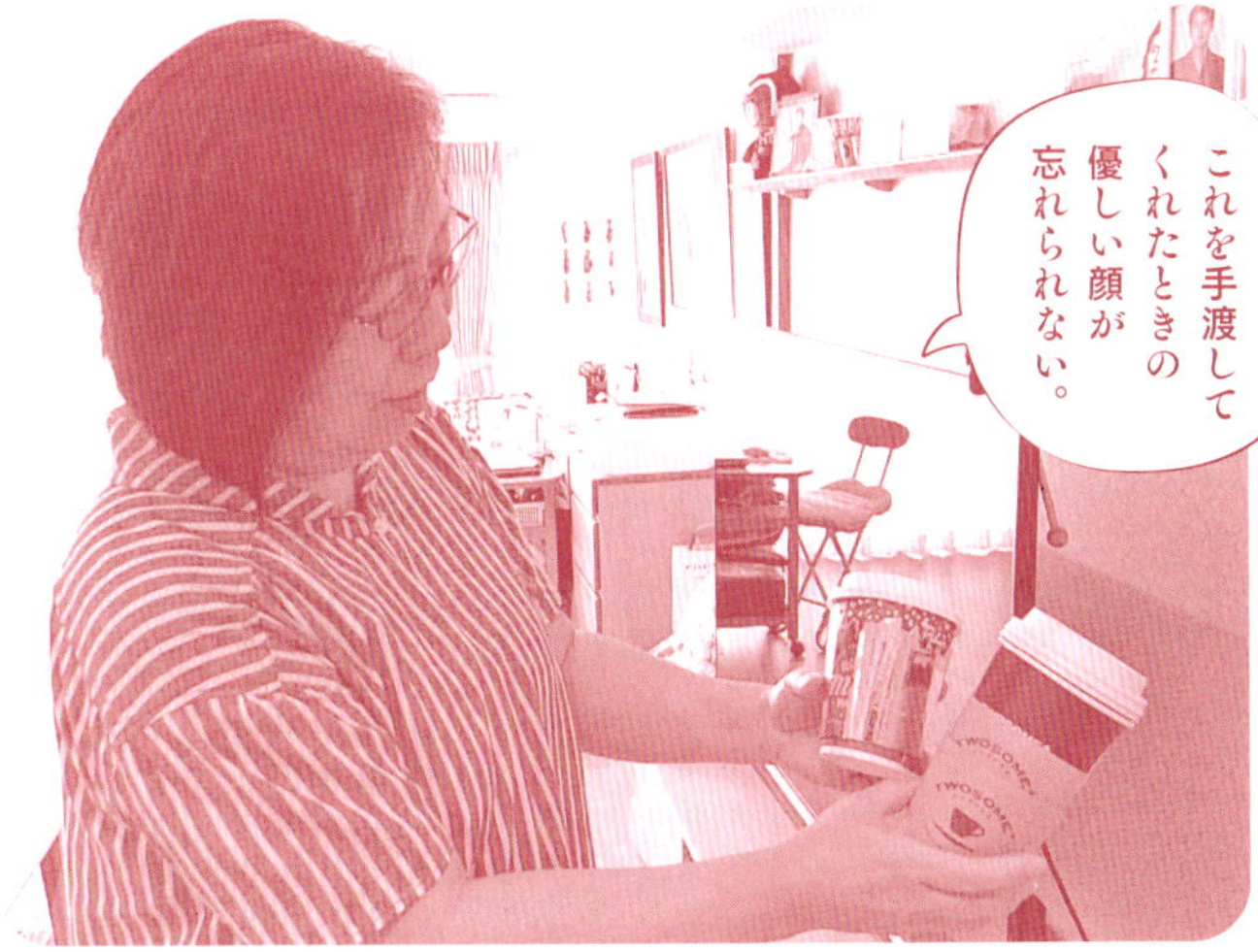
これを手渡して
くれたときの
優しい顔が
忘れられない。

ランティア活動に向けるだけで、自分だけでなく大勢の方に喜んでもらえる。たぶん発展途上国の方たちは、ヒョンビンのプレートではなくて、井戸自体を喜んでいらっしゃると思うんですけど。子どもたちの笑顔を見ていると、なんだかヒョンビンと喜びを共有できた感じがするんです」（早川さん）

井戸の活動を続けて、この年で7年目。ヒョンビンさん自身も寄付などの慈善事業に力を入れているため、その精神を見習い、ファンたちも支援を続けているのだ。早川さんは、推しを思うエネルギーが世界中に広がっていると、今、感じている。

"推し"からもらった将来の夢
羽生結弦選手推し
みゆきさん、かなとくん

千葉県に住むみゆきさんと、保育園の年長さんのかなとくん親子の推しは、プロフィギュアスケーターの羽生《はにゅう》結弦《ゆづる》選手。2018年の平昌《ピョンチャン》オリンピックで見せたフリースケーティング「SEIMEI」の見事な演技に、当時3歳だったかなとくんもす

オリンピックで
金メダルを獲って
羽生選手に
見せたい。
EDEA

つかり魅了された。

「羽生結弦選手が出てくると、息子はもう目をキラキラさせて『かっこいい〜』って。オリンピック翌日から、もう毎日毎日、羽生選手の動画を繰り返し見ていました」（みゆきさん）

すぐに自分から「スケートを始めたい」と言い出したかなとくん。でもまだ幼かったので、スケート教室に通うことはかなわなかった。だが、1年たっても気持ちが変わらなかったため、4歳からスケート教室に通い始めた。今もその情熱が冷めることはないのだそうだ。

「オリンピックで金メダルを獲って、羽生選手に見せたいです」（かなとくん）

誰かに憧れて同じことがやりたくなる。そしてそれが自分自身の夢となって続いていく。推しとの出会いはそんな可能性も秘めているのだ。

家族の絆は推しにあり
4代続く宝塚推し
せい子さん家族

京都で暮らすせい子さんの自宅は、「ファミリーの推しヒストリー」で彩られている。まるで資料室のような部屋には録りためたビデオテープやディスクが壁一面にぎっしり。

せい子さん家族の推しは100年以上の

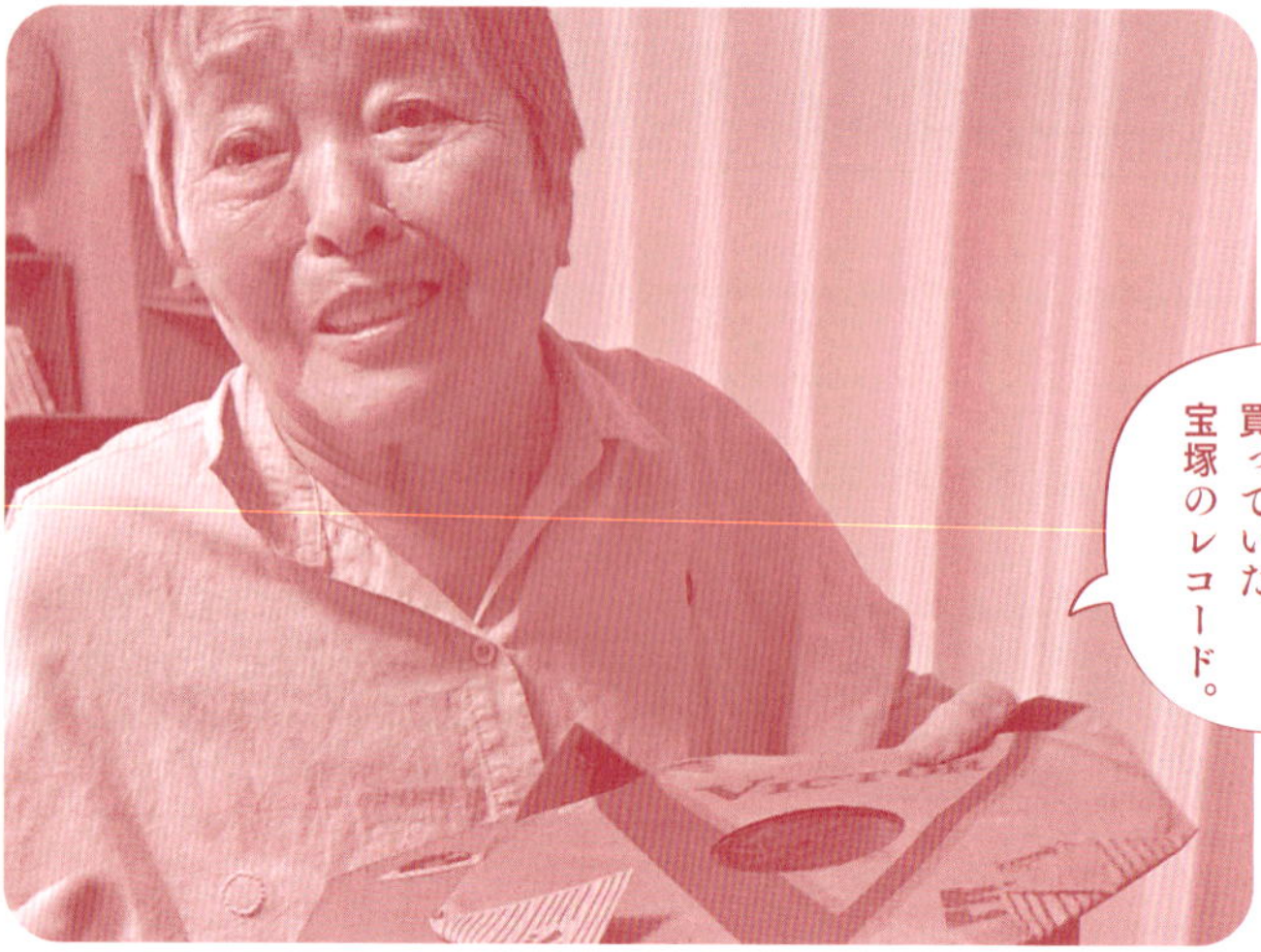
観劇の記念にいつも必ず買っていた宝塚のレコード。

歴史を誇る華やかな夢の舞台、宝塚歌劇団。彼女の宝塚推しは87歳になる母のミナさん譲り。

「楽しいんでね。私、宝塚って聞いたら、楽しなってくる」（ミナさん）

「母は『この人もすてき』『あの人もすてき』と、常にときめいているんです」（せい子さん）

ミナさんの観劇デビューは、なんと3歳。実に84年前だ。

ミナさんの父である要三さんは、仕事の得意先からもらったチケットで初めて宝塚の舞台を見て以来、華やかな世界にすっかり虜《とりこ》になった。その要三さんが観劇の記念に必ず買っていたのが宝塚のレコード。当時買いためていたレコードのラベルには、宝塚歌劇の前身にあたる宝塚少女歌劇の文字。歴史を感じる品々だ。

そのレコードをかけていた蓄音機もまだ現役。手巻きのネジを巻くと、レコードから当時の生徒たちの声が聞こえてくる。

宝塚推しは、現在4代目の、せい子さんの娘さんにも引き継がれている。

「戦争中に最後に見たのはいつ？　何の演目か覚えてる？」（娘さん）

「題名は覚えてへんな。何しろ、春日野八千代《かすがのやちよ》が戦闘服着ててな」（ミナさん）

ミナさんは87歳、孫にあたるせい子さんの娘さんは16歳。年齢差約70歳でも、同じ推しの話題で盛り上がれるのが宝塚歌劇団の魅力だ。

「母は舞台を見ながら、ときどき私や娘を見ているそうなんですね。うれしそうにしていると、『よかったな』って思うそうで。私もうれしそうに舞台を見て拍手をする母を見たら、『ああ、よかったな』としみじみするんですよね」（せい子さん）

推しを持つ喜びは4世代を通してともに分かち合われている。

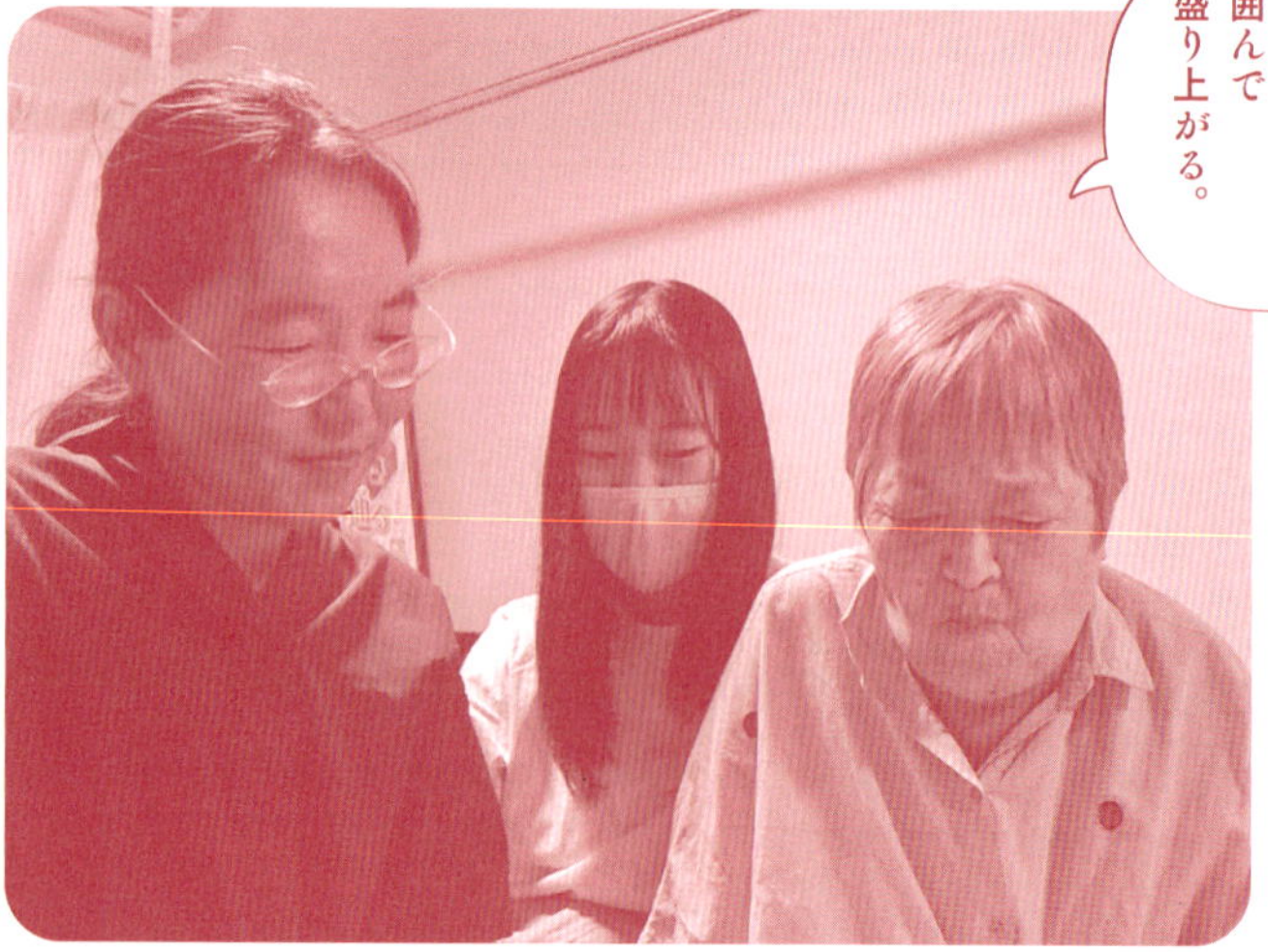

家族で宝塚のパンフレットを囲んで盛り上がる。

推しでダイエット成功

エレファントカシマシ宮本浩次さん推し

ゆうこさん

エレカシの
生き方そのものに
背中を押されて。

パワフルで、聴く人の心にダイレクトに響く宮本浩次《ひろじ》さんの圧倒的な歌唱力と、エネルギッシュなパフォーマンスが印象的なロックバンドである「エレファントカシマシ」（エレカシ）。

「エレカシの音源やグッズに囲まれているだけでうれしい」と語る関西在住の推し歴3年のゆうこさんは、エレカシによって人生が変わったという。

「ぜったいに立ち上がるんですよ。だから私も何回へこんでも、どんなに大きい失敗をしても、どれだけ傷ついても、どれだけ年を取っても、『まだ立ち上がれる』って思わせてもらえた」（ゆうこさん）

売れない時代も諦めず、愚直に音楽と向き合い続けたエレカシの生き方そのものに感銘を受けたのだそう。

さらにゆうこさんを奮い立たせたのは2019年1月のコンサート。前から3列目の距離で見た宮本さんのパフォーマンスが目に焼きついて、忘れられなかったのだ。

「宮本さんは思っていた以上に華奢《きゃしゃ》で、すごくかっこよかった。しゃがんだり立ったり、転がったりしながら歌うんですよ。時にはパイプ椅子の上に乗ったり。宮本さんみたいに、もっと心も体も自由に、こんなふうに健やかになりたいって強く思ったんです」（ゆうこさん）

その思いは具体的な形となって実を結ぶ。3年前、エレカシに出会った頃のゆうこさんの体重は80キロ以上あった。以後、宮本さんのようになりたいと決意し、ダイエッ

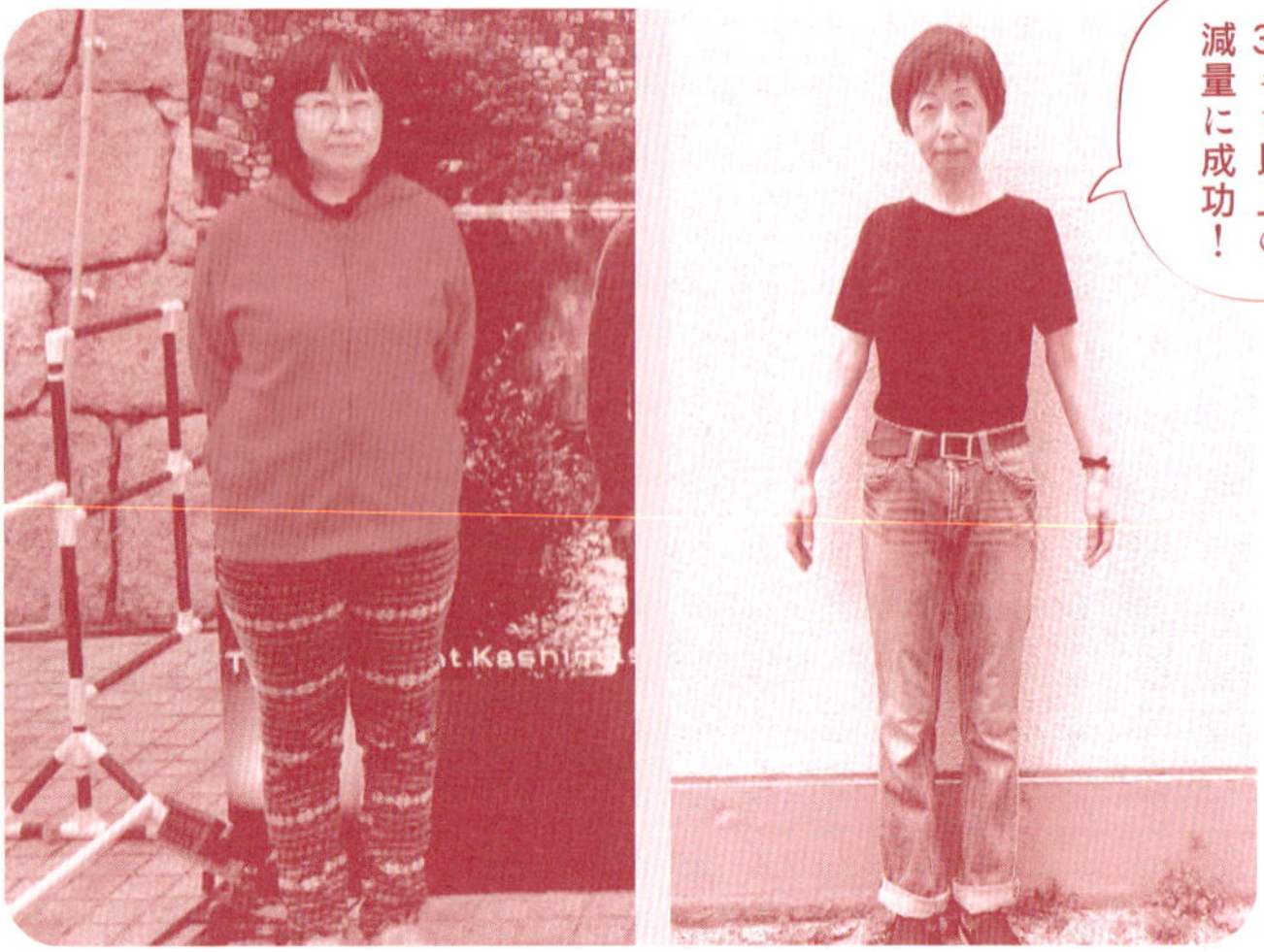

ト開始。食事制限や筋トレを続けた結果、なんと1年で30キロ以上の減量に成功したのだった。

かつて3Lだったパンツのサイズも、今ではSサイズ。見た目も若々しくなったゆうこさんは精神面でも変化があったという。

「以前より、おしゃべりになったかもしれないですね。接客業をしているんですが、知らないお客さんにも、『そのエコバッグ、とってもかわいいですね』って。ちゃんといい笑顔で堂々と会話できるようになりました」（ゆうこさん）

これまでは人と話すことに対して消極的だったという、ゆうこさん。宮本さんのようになりたいという目標を持つことで健康的な体形を手に入れ、接客の仕事にも自信を持って臨めるようになったのだ。

難関試験に合格！

嵐・大野智さん推し

のりこさん

国民的アイドルグループ「嵐」のリーダー、大野智《さとし》さん（嵐は2020年末で活動を休止）。切れのあるダンスに、伸びやかな歌声。この姿に誰よりも魅了されたのが、推し歴9年ののりこさんだ。

推しに
励まされたように、
自分も誰かの
力になりたい。

「大野くんの声には、私にとって心を揺さぶる何かがあります。才能もすごくあるけど、努力をすごくされていて。その裏に人間性があるからこそ、歌声やダンスがより心に響いてくるんだなって思っています」
（のりこさん）

歌もダンスも人知れず努力を積み重ね、いつも最高のパフォーマンスを見せてくれる大野さん。

彼に刺激を受けたのりこさんは、50歳を目前に、自分ももう一度何かに挑戦してみたいという思いが芽生えた。それが、ずっと心のなかにあった専門職として社会生活を送る上で困っている人たちを助ける対人援助の仕事をするということだった。そこで、のりこさんは社会福祉士の資格にチャレンジすることに。

しかし、社会福祉士の国家試験の合格率は3～5割。狭き門である上に、年齢や体力的な不安もあり、受験するかどうか二の足を踏んでいたとき、背中を押してくれたのが「人生において無駄なことなんてない」という大野さんの言葉だった。

「大野くんが『やりたいことがあったらやってみようよ。結果じゃなくてやっているときの過程が大事なんだよ』って。彼は折に触れて、『どんなことでも必ず意味があるよ』と言っていたので、結果を恐れず、

まずはやってみちゃおうと思いましたね」（のりこさん）

大野さんの言葉を胸に、のりこさんはまず2年間専門学校で学び、寝る間も惜しんで勉強を続けた結果、社会福祉士の試験に見事合格。

「仕事をする中でも、大野くんの姿勢や言葉に励まされたり、力づけられたりすることもたくさんあります。私の言葉や仕事によって、力づけられ、元気になる方がいらしたらいいなと思います」（のりこさん）

現在では資格を生かした仕事に就き、困っている人を支援する毎日を送っている。

推し仲間と結婚
『TIGER&BUNNY』推し
さつきさん、けいさん

初めて行ったイベントで知り合って。

都内に住むさつきさんの住む部屋を訪れると、「ワイルドタイガー」こと、鏑木《かぶらぎ》・T《ティー》・虎徹《こてつ》の等身大の立体モデルが！

髭《ひげ》の形が印象的なこのキャラクターは、アニメ『TIGER《タイガー》 &《アンド》 BUNNY《バニー》』の主人公の一人。グリーンのスーツのこの彼は、街の平和を守るヒーローが存在する世界で、仕事も私生活も崖っぷちのベテランヒーロー。もう一人は、有能だけど扱いにくい新人ヒーロー、バーナビー（フルネームはバーナビー・ブルックスJr.）。

『TIGER & BUNNY』はこの二人のヒーローがバディを組み、対立しながらも悪に立ち向かう姿を描いた物語だ。

「基本ダメなおじさんなんですけど、やっぱり見せるときはかっこよくて、人情に厚いところが魅力です」（さつきさん）

テレビ放送終了後も、さつきさんはイベントに参加したり、作品にちなんだメニューを提供するコラボカフェに通ったりしながら、推し仲間との交流を続けてきた。

「コラボカフェがきっかけで仲良くなったのが主人です」（さつきさん）

推し活をしているうちに、運命の相手に巡り合ったとのこと。

夫のけいさんは、髭の形も夫婦の推しである虎徹と同じという熱の入れよう。

「初めて行ったイベントで主人と知り合って。初めて行ったコラボカフェで主人と仲良くなって、初めてできた彼氏が主人でしたから。主人と知り合って、価値観がいろ

プロポーズの言葉は「生涯のバディになってください」。

いろ変わりました」（さつきさん）

付き合い始めて半年ほどたった自分の誕生日に、さつきさんは意を決して、けいさんにプロポーズ。ともに過ごした推し活の時間で、いつの間にか心が満たされていたことに気づいたのが決め手だったそう。

プロポーズの言葉は――。

「生涯のバディになってください」（さつきさん）

そして、さつきさんとけいさんは2016年に結婚。結婚式の記念写真の撮影でも『TIGER & BUNNY』のコスプレをするなど、〝好き〟が徹底していたのだった。

夫婦になった今も二人で推し活を続けるさつきさんとけいさん。そんな両親のもとで育った息子のはるくんは、2歳にしてすでに登場人物の見分けは完璧。ご夫婦のDNAを、しっかりと受け継いでいるのであった。

教えて推しライフ

1

心理カウンセラー浮世満理子が語る

推しのいる生活のススメ

推しは心の免疫

❤「推し紹介」ならみんな輝く

「推しの力は世界を救う」。少し大げさかもしれませんが、私は推し活のパワーをそんなふうに感じています。

推しのことを話すときって、みなさんキラキラ輝いていると思いませんか。

推しは人生を変える幸せな存在です。

推しがいることで、人に優しくできたり、仕事やいろいろなことを頑張れたり、生活にハリが出てきたり、毎日生きていて楽しかったり、推しに会うために一人で行動できるようになったりするでしょう。私も多くの人のカウンセリングを通して、ここではお伝えしきれないほどの効果を聞き、感じてきました。

推しからの影響は人によってそれぞれ違いますが、推し活をすることで、総じて「心の免疫力」が上がるわけです。心の免疫力とは、ネガティブな感情が消えて、少しのことではへこたれず、前向きになれる力です。私たちは推しを応援しながら、実は「自分の生き方を推しに応援してもらっている」のだと思います。

私は不登校だった子たちが多く通う通信制のサポート校で、挫折経験のある子どもたちと関わる仕事もしています。そういう子たちは、友だちは欲しいけれど人と関わるのが怖いと感じていて、自己紹介を促しても何を話したらいいのかわからず、黙ってしまう子がとても多いのです。そこで、「じゃあ自分のことはいいから、好きな推しのことを話して」と言うと、ほとんどの子は語ることができるんですよ。

自己紹介はできなくても、「推し紹介」はできる！

初対面でも、推しが同じだといきなりつながれるんですね。ほとんどしゃべれなかった子が笑顔でＬＩＮＥの交換をしている姿を見ると、親御さんも本当にびっくりされます。

♥推しの存在が心の免疫力を高める

少し深刻な話になってしまいますが、以前、末期がんの女性がカウンセリングにいらっしゃったことがありました。彼女はご自身の運命は受け入れているけれど、まだ少し気持ちがざわざわしていて、私と話すことで落ち着きたいと思っていたようです。

話をするうちに、彼女はSMAP（2016年に解散）のファンで、ライブにもよく行っていたことがわかりました。「SMAPのライブってどんな感じなの?」と尋ねると、一気に、「最初はこんな感じで始まって、その後はこうで、ああで…!」と身振り手振りを交えた推しトークが始まったのです。「自分には家庭もなく子どももいないけれど、ライブに行くと本当に生きていてよかったと思うんですよ」と言いながら、イキイキと推しの話をしてくれました。

がんの患者さんの痛みを和《やわ》らげるイメージトレーニングの一環として、環境音楽などを聴いてもらう治療法があるのですが、私は彼女にはSMAPのライブをイメージしてもらうために、「あなたは今ライブ会場にいて、ステージに向かって手を振っていますよ」などといったメッセージを入れた音源をお渡ししました。

1か月が過ぎた頃でしょうか、彼女の弟さんから連絡がありました。「姉が亡くなりました」と。私が「そうですか、残念です。お役に立てたのかどうか……」と言うと、「いや、先生はなかなかできないことをしてくださいました。姉はあのつらかった中で、先生からいただいた音源と自分の大好きなSMAPの曲をずっと聴いていました。そのおかげだと思います。最後は本当に幸せそうに逝《い》きました」と言ってくださいました。

私は「これが推しの力だ！」と強く感じました。カウンセリングの力ではありません。彼女の心の免疫力を高めて、最後まで諦めずに生き抜く力を与えてくれたのは、紛れもなく〝推し〟の存在だったのです。

♥推し活は体の健康にも役立つ

推しの効能をもっと身近なことでいうと、推し活は、健康や美容によい影響をもたらす幸せホルモンのアップに効果があるのではないかと思っています。

好きな人を対象にした推し活は、恋愛にも似た喜びやトキメキを感じることができますが、人はこのような状態のときにオキシトシンやドーパミンを分泌させているといわれます。どちらも幸せホルモンのひとつで、気持ちを前向きにさせてくれる物質です。さらに、推し活によって心身のリラックスが保たれると、やはり幸せホルモンのひとつであるセロトニンの分泌も促され、ストレスを和らげることが期待できます。

まだ医学的に証明されているわけではありませんが、恋愛に似た状況は女性ホルモンにも影響して、更年期症状の緩和にもいい作用をもたらすのではないでしょうか。いずれにしても、前向きに明るく推し活を楽しんでいれば、心にも体にもよい影響が出てくるだろうと思います。

また、推し活はありとあらゆる目標設定のご褒美にも活用することができます。

推しがきっかけで、推しの好きなスポーツを始めたり、ダイエットに挑戦したり、あるいはゆかりの地を訪ねてあちこち歩くようになって体力アップにつながったという人もいるでしょう。

運動嫌いな人が推しの音楽を聴きながらだと毎日楽しく走れたり、つらいリハビリを頑張れたりと、推しの力は目標に向かっているときの力の源になります。ダイエットも漠然と「あと○キロ痩せなきゃ」と数値だけで考えるより、「この細身のデニムで推しのコンサートに行く!」と決めるほうが気分も上がりますよね。

推し活で得られる幸せホルモンは、痛みや苦しさを和らげる効果もあるので、頑張りたいときにはぴったりなのです。

浮世満理子（うきよ　まりこ）

一般社団法人全国心理業連合会公認プロフェッショナル心理カウンセラー。メンタルトレーナー。OL時代、自律神経失調症になったことがきっかけで心理学を学ぶために渡米。帰国後、「カウンセリングを日本の文化として定着させたい」という理念のもと、株式会社アイディアヒューマンサポートサービスを設立。元気なこころで前向きに生きるための心理カウンセラー、メンタルトレーナーとして活躍。

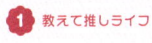

コラム

トラブル回避のための推し活マナー

推し活は圧倒的にプラスの面が多いものの、少なからずマイナス面もある。

好きな気持ちが暴走したり、推し活仲間や家族と価値観が合わなかったり……。実際に自分がトラブルに直面した際に冷静に対処できれば、そのマイナスをプラスに転じることもできるはず。気持ちよく推し活をするために、代表的なトラブルを紹介しよう。

家族関係がこじれた

多かったのが、「携帯の待ち受けが推しなのを見て、夫がヤキモチを焼く」など、配偶者やパートナーとの関係が悪くなるので、遠慮しながら応援するという声。たとえば「推しのことで騒ぎすぎて、旦那に『いい年して』と言われ、傷つきました」という人も。さらに「推し仲間と話をすると、私以外にも旦那さんに遠慮したり、内緒でファンをしている人がたくさんいることがわかりました。おおっぴらにテレビを見ることも、話すこともできない人がこんなにいるのかと驚きました」と語る。

また、息子の目があるので応援しにくいという声も。「推しの話が多いので子どもがあきれている。推しと年齢が変わらない息子に、『自分と推しどっちが大事？』と真顔で聞かれました」など。家族が自分の推し活をポジティブにとらえてくれず、やりづらいとの声も。

お金を使いすぎた

「グッズを買いすぎて金銭感覚が狂った」や「出かける前に買うグッズ

を決めてから行くのに、絶対それに収まることはない、絶対に破産する」など、推しを見ると購買意欲が増し、財布のひもが緩くなってしまうという声も多い。中には「推しのいるインドネシアでの大量購入をクレジットカード会社に怪しまれてカードの使用を止められた」という人も。グッズ購入や、コンサートの行きすぎで、貯金ができないという悩みを抱えている人もたくさんいた。

推し仲間トラブル

やはり多いのは、推し仲間のトラブルだ。ストーカーまがいの行為をされたなどの直接的な被害から、ＳＮＳ上で簡単につながれるからこその人間関係のトラブルなども。

その多くは「自分の正しさの押しつけ」から起こっているように見える。たとえば、「ＳＮＳでは、考え方の違いや行動を人前にさらされる『学級会』と呼ばれるものが開かれ、炎上することがあって、正直面倒くさいです」など。

暗黙のルールを知らないと大変な目に遭うので、「半年はその界隈《かいわい》の様子を観察してから、足を踏み入れるようにしています」とも。

そのほかには、コロナ禍にコロナウイルスに対する自分の考えを推し活に持ち込んだケースも。「コロナ期間中のコンサートの際に、推しの迷惑になってはいけないという考えから、参加者に自主的にPCR検査を受けるよう、ファンの間で呼びかけがあった」などが挙げられた。

自分が当たり前だと思っていたことが、相手にとってそうではないということは日常多々ある。推しのファン同士で争い事が起きたことで、推しを好きな気持ちにも陰りが出た人もいるようだ。ファンの人間関係も、推しを思う気持ちも、入り込みすぎずニュートラルな目線でいたいものだ。

Q&A 教えて推しライフ！

「推し」にハマったきっかけは？

皮肉、偏見、意地悪いネタばかりしているがネタ終わりのお辞儀がどんな芸人さんよりもいちばん綺麗なお辞儀にだった所に惹かれた。

（お笑いコンビ「ニューヨーク」推し）


子育てや自分のこれまでの人生って何だったんだろうと悩んでいた頃、偶然カーステレオから流れてきたコブクロの「桜」。自然と涙があふれてきました。過去の小さな頑張りとか抱いていた夢とか、自分にしかわからないようなことでも、ずっとずっと大事にしていていいんだよ、手放さなくていいんだよ、と言ってもらえた気がしました。この曲のおかげで、前を向いて歩いていくことができるようになりました。この曲を作ってくれて、世に出してくれたコブクロの２人には感謝の気持ちでいっぱいです。ずっと、あの時の恩返しのような気持ちで、応援し続けています。

（アーティスト「コブクロ」推し）


映画『キングダム』を友だちと一緒に見に行ったのがきっかけ。その演技力の高さにすっかりハマってしまい、その日の夜に１人でもう１回見に行きました。

（俳優　吉沢亮さん推し）


中２の時、片想いしていた男の子がB'zの"BUZZ!!" THE MOVIEというLIVEビデオを持っていて、持ち帰るのがめんどくさかったようで「誰か借りる人～」って言っていたのを聞きB'zにそんなに興味は無かったけど、好きな子の持ち物を借りれるという不純な動機で借りることに。感想を伝えるために一応見たら……「ALONE」の弾き語り、「LOVE PHANTOM」の高所からのダイブ。自分の知っていたB'zとぜんぜん違い、あまりのかっこよさに、そこから25年、ずっとファンです。

（アーティスト「B'z」推し）


ある日、『テニスの王子様』のミュージカルの「跡部景吾」を演じる久保田悠来さんが夢に出てきました。テニミュの劇場でチケットをもぎってもらうだけの夢でしたが、目が覚めたら何故か久保田さんのこと以外何も考えられなくなっていました。

（俳優　久保田悠来さん推し）

違うアーティスト目当てでいったイベントで遠く離れたところからステージを見ていたのですが、圧倒的面白さでむちゃくちゃ笑ってたんです。最後の曲でも途中まではこんな爆笑しながらヘドバンしたことがない！と思いつつ楽しんでたんですがそこから一転突然の感動への展開になり気がついたら全力でジャンプしながら泣いてました。あの日の事は忘れることができません。　（アーティスト　岡崎体育さん推し）

テレビで見た漫才のコンテストで、伊藤さんの言葉選びが秀逸で印象的でした。落ち込んでいたときだったのに、その言葉を聞いて、ぷぷっとつい笑ってしまい、こんなに落ち込んでいる人間を笑わせることができるオズワルドはすごいなあと思って、そこから興味を持ち、好きになりました。　（お笑いコンビ「オズワルド」推し）

初出演、初主演のドラマ『We Bast Love 永遠の１位』『We Bast Love ２位の反撃』を見たのがきっかけです。監督やスタッフさんの指導、何より共演者とのケミストリーで俳優として、人として磨かれていくのが手に取るようにわかり、物語と同時にYU（楊宇騰）の誕生に自分は立ち会ったんだということに気づいたときは鳥肌が立ち、自然に涙がこぼれていました。　（台湾の俳優　YUさん推し）

友だちのいちばん好きなキャラクターの2.5次元俳優として紹介されたのがはじまりでした。その友だちを喜ばせようと話を合わせていたら私の方がハマってしまって今ではその子がついていけなくなるほどになってしまいました！　（俳優　牧島輝さん推し）

ミュージカル『テニスの王子様』の私がいちばん好きなキャラクターに新しく配役が決まったのが田中涼星さんでした。彼がこれからがどんな風に役を演じてくれるのか楽しみだなと思っていたら、サプライズで同じ役を演じた先輩から役のシンボルになるアイテムをプレゼントされて泣き出してしまい、その真っ直ぐな純粋さに胸をうたれて以来彼から目が離せなくなりました。　（俳優　田中涼星さん推し）

友だちに『歌舞伎NEXT 阿弖流為』を激推しされ、映画館で鑑賞。あまりのカッコ良さ・美しさに沼落ち。感動しすぎて、深夜近くの新宿を泣き顔で歩いたのが良い思い出。

（歌舞伎俳優　中村勘九郎さん、中村七之助さん推し）

すごいぞ！推し活パワー

第2章

♥徳を積む——推しへの愛が社会貢献へ

ファンのファンによる推しのための行動、これがいわゆる推し活だ。推し活はあくまでもファンの個人的な思いからスタートしているものだが、それがひとたび集まると、結果的に社会や地域をも変えていくことがある。

推し活をする人の間でよく使われる言葉のひとつに、「徳を積む」がある。善い行いを重ねていれば、争奪戦のチケットが取れたり、ステージから近い見やすい席が当たったりするなど、積んだ徳が何かいい形で返ってくるかもしれないという心理からのファンの行動を指す言葉だ。だが、どうせ徳を積むのならば、推しが喜ぶことをしたいと思うファンは多いようだ。

数原龍友《かずはらりゅうと》さんの趣味がサーフィンで、本人が海のゴミ拾いをしているため、数原さんのファンの「カズラー」は海へ行った際にはひとつでもゴミを拾って帰るようにしている。（「GENERATIONS from EXILE TRIBE」数原龍友さん推し）

その他に、多くの推し活ファンが日々行っているのは、募金である。

キスマイの番組を通じて、「目が不自由な方のために音の出る信号機を」というチャリティに募金をするようになった。（「Kis-My-Ft2」二階堂高嗣《にかいどうたかし》さん推し・40代女性）

推しのアーティストが地震や水害など自然災害の被害を受けた被災地支援を行っている場合、ファンもそれに参加することも多いようだ。

推しがチャリティイベントをしていることもあり、ボランティア団体を立ち上げ、被災地ボランティアをしています。（「嵐」箱推し・40代女性）

ファンの母体が多い場合、呼びかけに賛同する人が一定数いるだけで、すぐにでも団体が立ち上げられるのだ。

また、推しへの愛をこのような形で示す人もいる。献血だ。

ライブやイベントが終わった後に、頭に血が上ることが多い。その血を何かに役立てないかと思い、献血を始めた。（俳優　横井翔二郎《しょうじろう》さん推し・30代女性）

❤推しへの愛が社会を変える！

マンガ、アニメなど、作品の推し活として、きまって聞かれる言葉に「ゆかりの地訪問」がある。作品の舞台となった場所を訪れることで、作品世界に没入したような気分が味わえ、作品の感動が新たになるのだ。

たとえばこんな声が。

2019年、英語もろくにしゃべれないのに一人で12日間アメリカのケープコッドとニ

ューヨークへ。2020年には出雲《いずも》市へ。（マンガ・アニメ『BANANA FISH』の主人公アッシュ・リンクス推し）

推し（刀剣）の本体に毎年逢いに行っています。東京から福岡へ。（『刀剣乱舞ONLINE』の日本号《にほんごう》推し）

徳川家康・本多忠勝でも有名な「岡崎城」。忠勝ゆかりの「大多喜《おおたき》城」。信長を祀《まつ》り、薬《や》研藤四郎《げんとうしろう》の再現刀が奉納されている「建勲《たけいさお》神社」。天下三名槍《さんめいそう》の「佐野美術館」「福岡市博物館」「結城蔵《ゆうきくら》美館」。他にも旅行がてらいろいろ。（ゲーム『刀剣乱舞』の蜻蛉切《とんぼきり》推し）

♥推し活が地域に活気を取り戻している

推し活をきっかけに、地域そのものが活気を取り戻した例もある。

『おねがい☆ティーチャー』ゆかりの地、長野県大町《おおまち》市でファンが清掃活動や植樹

2002年に放送されたテレビアニメ作品ながら、その後も長らくファンとゆかりの地の縁が続いているのが『おねがい☆ティーチャー』だ。

アニメの舞台である長野県大町市に実在する駅舎や踏切、湖が実物そっくりに描かれており、大町市はアニメツーリズムでも有名な場所となっている。

多くのファンが訪れ、キャンプなどを楽しむことで知られる市内の木《き》崎《ざき》湖《こ》では、放送開始10周年を記念して地元の方とファンが触れ合うイベントが行われた。

イベントのみならず、地元関係者とアニメファン有志が行う木崎湖清掃活動「みずほプロジェクト」や、駅周辺に花を植える景観保全活動が進められており、推し活が地域に活気を取り戻すだけでなく、地域の環境を改善する取り組みが続いていたのだ。

❤推しで世界が広がる　クラウドファンディング

不特定多数のファンの善意が目に見えて形になりやすいのは、クラウドファンディングだ。

コロナ禍なので演劇界を援助するクラウドファンディングに協力しました。（俳優　鈴木拡樹《ひろき》さん推し）

関係者の力だけでは事態がまったく好転しなかったことが、ファンによるクラウドファンディングによって奇跡が起きた例もある。

推しが救った熊本県青井阿蘇《あおいあそ》神社の奉納刀

骨董品好きや歴史好きなど、どちらかといえば高齢の男性を中心に愛されていた日本刀だが、今、女性の愛好家がとても増えている。ゲームを皮切りにミュージカル、舞台、アニメ、映画と幅広く展開されている『刀剣乱舞』の影響だ。日本刀を男性に擬人化した作品で、熱狂的な人気を誇る。

貴重な刀が保存されているのは、博物館だけではない。むしろ刀は各地の寺院や神社を守るものとして奉納されていることが多く、中には1000年以上守り続けられてきたものも珍しくない。修繕や保存にお金も手間もかかる日本刀に、全国から推し活パワーが集結して、ある奇跡が起こった。

舞台は熊本県人吉《ひとよし》市にある青井阿蘇神社。806年に創建され、本殿や拝殿などは国宝に指定されている。この貴重な青井阿蘇神社を2020年7月、未曾有《みぞう》の集中豪雨が襲った。近くの球磨川《くまがわ》が氾濫したことで、鳥居も半分近くまで水に漬《つ》かり、神社も床上浸水の甚大な被害に遭った。青井阿蘇神社の宮司・福川義文さんはこう語る。

「境内の賽銭《さいせん》箱と同じぐらいの高さにある赤い柵まで水が来ました。本当に今まで経験したことがないというか。まさかここまで川の水が来るなんて、本当に思いもしなかった災害でしたね」(青井阿蘇神社の宮司・福川義文さん)

神社には、700年間この地域を守ってきた77振《ふり》の刀が奉納されていた。しかしそのすべてが水没。泥や錆《さび》がつき、大きなダメージを受けた。刀一振《ひとふり》を修復するには数十万円の資金が必要だった。

そこで神社は、「国宝 青井阿蘇神社 水没奉納 刀1000年先まで遺すプロジェクト」と銘打ち、修復費用の一部である500万円をクラウドファンディングで募った。すると、開始から2時間足らずで目標金額を達成。最終的には目標金額の7倍にあたる3500万円以上の支援金が集まった。しかも支援者の多くは若い世代からだったという。

「やっぱりこの刀剣を救いたいという思いですよね。これまで歴史を積み重ねてきた刀の救済に、ひと役買いたいという人たちがこれだけおられるということは、素直にうれしか

ったですね」（福川義文さん）

目標金額をはるかに超える資金が集まったことで、現在、77振りすべてが修復中だ。一振、一振、研磨士が手作業で研《と》いでいる。職人の数も限られているため、修復完了は2030年頃を予定している。

「刀は、もともと誰かが身に着けていたもの。それが今の時代までずっと生き続けてきたわけなんですよね。それが不幸にして災害を受けても熱心な方々のお力添えによって、またよみがえる。これはまさに名刀の価値にも勝るとも劣らないストーリーだなと思うんです」（福川義文さん）

『ちはやふる』ゆかりの地　滋賀県の近江《おうみ》勧学館

競技かるたを題材にしたマンガ『ちはやふる』をきっかけに、2020年に行われたクラウドファンディングは、「かるたの聖地『近江勧学館』の存続に力を貸して下さい！」というものだった。近江神宮内にある近江勧学館は、かるたの大きな大会のメイン会場として利用されている。「名人位・クイーン位戦」などが行われる場所だ。

『ちはやふる』効果で競技人口が増えたことで畳の消耗が進んだことに加え、コロナ禍がやって来て、近江勧学館はほぼ無収入に。畳の張り替え費用が捻出できなくなり、クラウドファンディングで協力を呼びかけたところ、『ちはやふる』ファンの温かい支援もあり、開始3日目で目標金額を達成。無事、12月中に全400枚の畳の張り替えを行い、2021年1月には新しい畳の上で大会も行われたのだ。

推し活リアルVOICE

ミュージカルから日本刀へ
『刀剣乱舞』推し

美乃さん

どんなときも
推しと
一緒にいたい。

キャラクターを演じる俳優たちが『NHK紅白歌合戦』にも登場するなど大きな話題を呼んだミュージカル『刀剣乱舞』。名だたる刀剣が戦士となり、歴史上で戦いを繰り広げる姿にハマる人が続出している。

その一人、石切丸《いしきりまる》という刀剣を演じる崎《さき》山《やま》つばささんは、大太刀《おおたち》を使いこなす圧倒的なパフォーマンスが魅力的な俳優だ。

崎山さん推し歴6年の美乃さんの自宅にはグッズがたくさん！　購入後も袋から出すことなく保管しているお宝だらけだ。

「日の光に当てたことがないので……ここにあるブロマイド写真は、今こうして取材をしていただいたことで、初めて新鮮な空気を浴びています。……指紋がついたのも初めてかもしれません」（美乃さん）

コレクションには雑誌やパンフレット、写真だけでなく、上海やパリでも上演されたミュージカル『刀剣乱舞』のチケット半券も。舞台は〝生もの〟なので、とにかく現地で見ることに魅力があり、同じ演目でも回ごとにそれぞれ違った感動・新たな気づきがあるのだそう。

さらに、「どんなときも推しと一緒にいたい」と願う美乃さんの熱い思いが凝縮したグッズはというと……。

「いざというときに持ち出すための非常用の防災グッズです」（美乃さん）

防災用のかばんの中に詰まっていたのは、『刀剣乱舞』をはじめとする推し関連グッズだった。非常食には推しがプロデュースしたビーフカレー「ツバサ」と、石切丸の

防災用のかばんの中にあるのは、すべて推しグッズ。

名前の入った抹茶ようかん。石切丸のマフラータオルは、通常のタオルとしてだけでなく寒いときには首にかけてマフラー代わりにもできるのだという。

応援に欠かせない必須アイテム、ペンライトは非常時にどう使われるのだろうか。

「ペンライトって、懐中電灯の代わりにもなるんですよ。地震などで停電したときに、やっぱり真っ暗だと怖いじゃないですか。そんなときに推しの色で自分の身を守る。推しの色のペンラがあると、非常時でもちょっと心強いかなと」（美乃さん）

推しグッズがあれば、災害時でも心強い。

サバイバル術まで編み出した美乃さんだったが、推しへの愛を深めた結果、ついに作品のモチーフである日本刀にいき着いた。

登録証のついている日本刀は誰でも購入できる――美乃さんは、日本刀そのものを所持するようになったのだ。実際に刀を所有し、お手入れや展示などに携わることで、日本の伝統文化や刀そのものへの関心もより深まったそう。

美乃さんは「創建2677年　石切劔箭《つるぎや》神社『刀剣奉納』プロジェクト」「国宝　青井阿蘇神社　水没奉納刀　1000年先まで遺すプロジェクト」をはじめとするクラウドファンディングなどを通じ、全国各地にある刀の復元や修復・保存のための寄付も

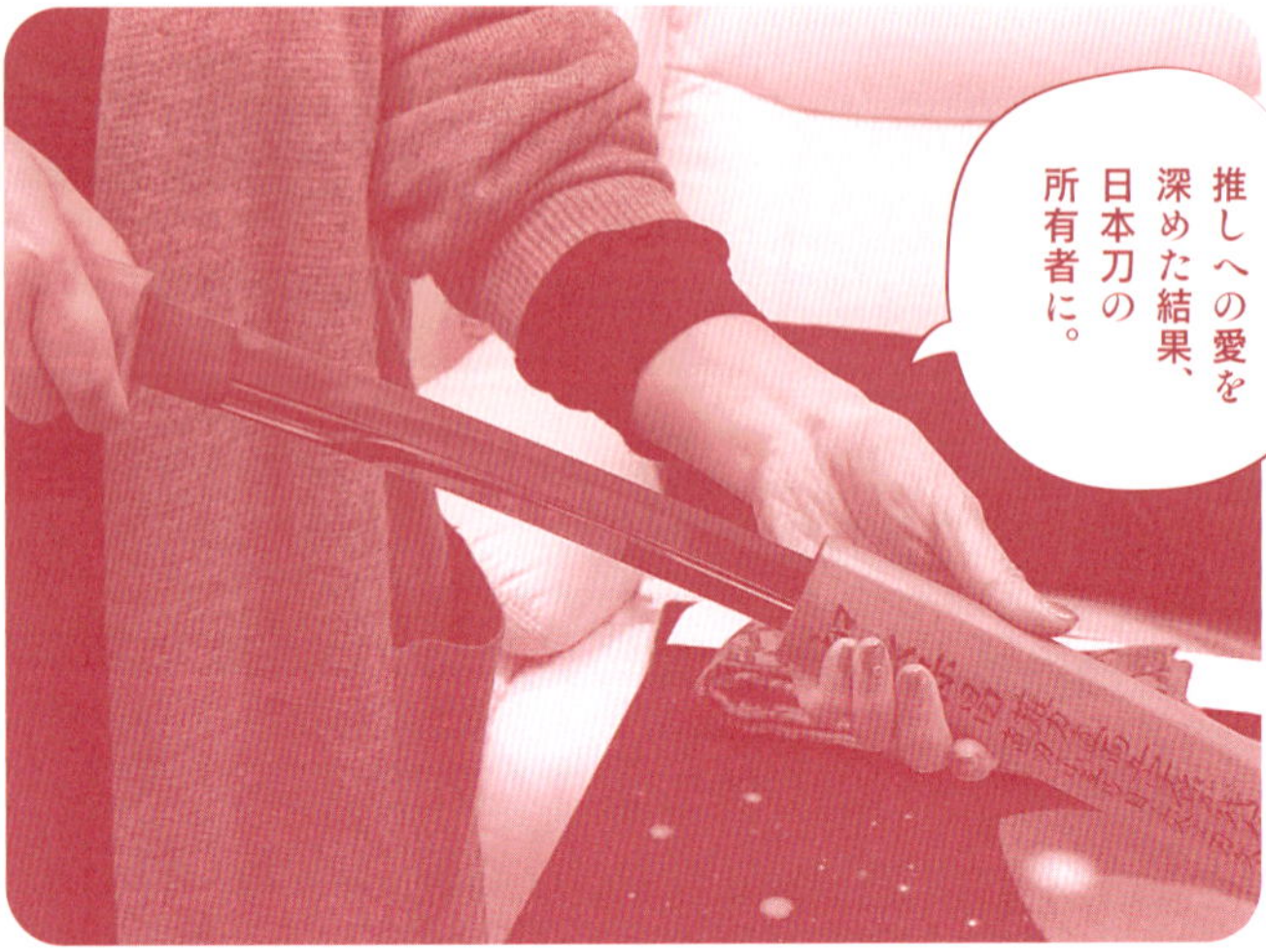

精力的に行っている。

「〝推し〟のお陰で幸せな気持ちを得たら、少しでも何かお返ししたいという気持ちは、自然と内から出るものじゃないですか。誰かから恩を受けたら、誰かに返す。恩送りのようなものですが、どなたかのお力になれるのであれば、本当に微力ですが、恩返しをさせていただけたらと思っています」（美乃さん）

推し活の先にあったのは〝移住〟
アニメ『Free!』推し

落合寿美さん

初めて行った場所なのに「帰りたくない」と感じて。

2013年から放送されたテレビアニメ『Free!』は、水泳部に所属する男子高校生たちの友情や悩み、青春模様を描いた作品だ。

この作品のゆかりの地として注目されるようになったのは、鳥取県にある人口約1万人の港町である岩美町《いわみちょう》。キャラクターたちが登下校時に通る町の坂道や神社へと続く急な階段や、彼らがおしゃべりしているシーンで登場する海と町並みを一望できる展望台など岩美町を思わせる風景が、ファンの間でロケ参考地として有名になったのだ。

観光協会の施設には、キャラクターの誕生日に贈られたファンからの作品にちなんだ手作りのプレゼントがぎっしり。ピーク時には年間6万人もが訪れ、観光客はそれまでの10倍に。

そんな熱烈な『Free!』ファンの一人が落合寿美さんだ。

「私の推しは、水泳部の部長を務めるキャラクターの橘《たちばな》真《ま》琴《こと》くんです。頼りなさそうな顔をしているんですけど、優しくて、キメるところはしっかりと決める子なので、すごく好きですね」（落合さん）

実は落合さん、真琴くんへの推し愛が募った結果、大胆な行動に出たのだった。

「『Ｆｒｅｅ！』がきっかけで岩美町に移住しました」（落合さん）

落合さんは、２０１７年に神奈川県から縁もゆかりもなかった岩美町に移住してきた。落合さんにそこまでさせたのは、初め

て岩美町を訪れたときに感じた居心地のよさだったという。

「旅行に行っても『家に帰りたいな』と思うタイプだったんですけど、岩美では珍しく『帰りたくない』と思って。何を食べてもここではおいしいし、疲れていたんですが一瞬にして癒やされて。沼みたいにハマってしまったんでしょうね」（落合さん）

一人暮らしの経験もなかった落合さんだが、自宅のある神奈川県に帰るまでには、もう移住を決意していたそうだ。そこから正社員として勤めていた会社を辞め、岩美町で家を探し、観光に携《たずさ》わる仕事を見つけて、1年後には岩美町への移住を実現。今では毎日作品の世界に浸りながら生活をしているのだという。

「近所のおうちもアニメに出てきていて。私の推しのマコちゃんが、あのお宅に住んでいるおばあちゃんからスルメをもらうっていうシーンもあって」（落合さん）

一人暮らし初体験だった落合さんも、今ではすっかり町の人と打ち解けている。

「『Free!』がなければ、こんなに楽しい生活を送れていないので、ありがとうございますって感じです」（落合さん）

落合さんの住む地区は二人に一人が高齢者。『Free!』がきっかけで移住する若者が増えたことで、街に活気が生まれた。落合さんのほかにも、島根県から移住してきた人、京都から越してきた人なども。彼らがファンに呼びかけて作品の舞台となった町内の高校のプールを修復したことも。

近所の方は「若い人がこうやって来てくれるので、村も明るい感じになりました。我々も元気をもらえました」と話す。

推しのためにに行うヘアドネーション

韓国俳優パク・ボゴムさん推し

岡野裕子さん

推しの夢をかなえる手伝いがしたい。

東京都内に住む50代の岡野裕子さんの推しは、韓国ドラマ『青春の記録』や『おつかれさま』に出演しているパク・ボゴムさん。ハンサムな顔立ち、高い演技力、完璧な性格の持ち主として、韓国で高く評価されている注目の俳優だ。

最初は、ボゴムさんが演じた役柄にハマった岡野さんも、彼を知れば知るほどその誠実な人柄に惹かれるようになったという。

「ファンミーティングなどでは、彼の、ファンやスタッフの方たちへの素晴らしい気遣いが見られて、そういう姿を見れば見るほど、どんどん新しいステキなところがわかってきて。彼は息子に近いぐらいの年齢なんですけど、人として見習うところが本当に多いんです。〝美談の自動製造機〟って呼ばれるような方です」（岡野さん）

パク・ボゴムさんは、これまで長年、児童養護施設への支援をするなど、慈善活動に力を入れてきた。そんな彼を支えたいと、岡野さんが推し仲間とともに力を入れてきたのは撮影現場への差し入れだった。

コーヒーなどの飲み物はもちろん、アワビ入りサムゲタンといった食事のビュッフェやバーベキューなど、仕事の活力になるよう、できるだけ栄養があるものを届けてきた。

しかし、もっと推しのためにできることはないかと考えた岡野さんは、ボゴムさんの夢を思い出した。世界平和だ。

「ファン一人一人がひとつずついいことを

髪を切って、
こんなに幸せな
気持ちになった
のは初めて。

すれば、それが結果的に大きな数になると思うんです。そうすれば、世界平和という彼の夢をかなえるお手伝いにもなるかなと思って」（岡野さん）

岡野さんなりに考えてたどり着いたのが、小児がんや先天性の病気、事故などで頭髪を失った子どもたちのウィッグを作るために、髪を提供するヘアドネーション。提供に必要な髪の長さは31センチ以上。10年間守り続けてきたロングヘアを生かして、ボゴムさんのように誰かの役に立ちたいという岡野さん。

ヘアドネーションは岡野さんがたどり着いた世界平和につながるまず最初の一歩だった。

「髪を切って、こんな幸せな気持ちになったのは初めてです。次にまた何か違うボランティアができればいいなと思う。これを機に、毎年ひとつずつでも何かできればいいですね」（岡野さん）

推しきっかけでふるさと納税GLAY推し

麻衣子さん

多くのヒット曲を世に生み出し、ミリオンセラーを連発してきた日本を代表するロックバンドである「GLAY」。これまでライブの観客動員数など、数々の記録を打ち立ててきた。

中学生のときに「HOWEVER」を聴い

高校生の時に購入したリストバンド。今も身につけている。

て以来、「GLAY」にどっぷりハマったという推し歴23年の麻衣子さんは、これまで毎年ライブに参戦しているのだそう。高校生のときにお小遣いをためて購入したリストバンドは、TERUさんプロデュースのアイテム。少し年季が入っても、推し歴を刻むアイテムを今も身に着けている。

「『GLAY』はもう、私にとって人生になっちゃったので。ライブがあるから『明日から頑張ろう』って思えるし、毎日頑張るためにもライブは絶対に欠かせないなって思っています」（麻衣子さん）

麻衣子さんがきっかけで、なんとお母さんの秀美さんも「GLAY」ファンに。思春期に母親とぶつかることがあっても、「GLAY」の話題が潤滑油となり、良好な親子関係を築くことができたという。

「親子ゲンカもありましたけど。でも『GLAY』の話をしているとお互い楽しいんですよね。『あのときのあの曲がいいよね』とか、『あのライブのあのシーンがよかったよね』とか、『TERUさんの手がきれいだよね』とか。そういう話を親子でずっとできるので、最終的には『GLAY』で仲直りをしますね」（麻衣子さん）

進学、就職、結婚に至るまで、人生の節

目節目で悩むことがあっても、自分が信じた道を進めと、後押ししてくれたのが、「GLAY」が紡《つむ》ぐ言葉だった。

「目覚めた朝に誓いをたてろ　自分らしくあるがままに　そう　その為に何が出来るだろう?」(GLAY「BEAUTIFUL DREAMER」作詞・TAKURO)

「GLAY」の曲とともに人生を歩んできた麻衣子さんがたどり着いた推し活は、メンバーの出身地、北海道函館《はこだて》市に毎年ふるさと納税をすることだった。

「『GLAY=函館』ですよね。函館でメンバーが出会ったから、今の『GLAY』があるわけで。私たちもそれで元気づけられた。感謝ですね、『GLAY』を生んでくれたことへの感謝です」(麻衣子さん)

　これまで函館へは、ライブやゆかりの地を訪問するために訪れていた麻衣子さん。コロナ禍となり、旅行ができなくなったときには、ふるさと納税の自由記載欄にこんなメッセージをしたためた。

「ライブを楽しみに、それまで函館が元気でいますように。今年も寄付をさせていただきます」

　推し活パワーが地域を支える活動はこんなところにもあった。

地域を盛り上げる推し活

BOYS AND MEN 元リーダー・水野勝さん推し

直美さん

頑張っている親戚の子を応援するような気持ちに。

「♪味噌カツ、手羽先〜きしめん、天むす、ひつまぶし、えびふりゃ〜」(「なごやめしのうた」）とライブで掛け声をするのは、名古屋を拠点に活躍する「町おこしお兄さん」こと「BOYS AND MEN」。〝ボイメン〟の愛称で親しまれ、「あいちエンターテイメント大使」も務めるグループだ。

愛知県で暮らす50代の直美さんは、子育てが一段落した40代で突如ボイメンにハマった。メンバー自らビラを配り、観客がまばらなライブ会場でも精いっぱいにパフォーマンスする彼ら。必死に地元を盛り上げようとするひたむきな姿に心を奪われたという。

「一生懸命さとか、いい意味でのくだらなさとか。男の子ならではのわちゃわちゃ感があって、見ていると笑顔になれるんです。『親戚の子が頑張っているんだって』と聞

いて、『じゃあ、応援してあげなきゃ、みんなで』みたいな。そんな気持ちで応援していますね」（直美さん）

少しでも彼らの夢の力になりたいと、直美さんは毎週末行われるイベントに足しげく通い、声援を送ってきた。彼らは2015年に名古屋で1万人ライブを実現。その2年後には、メンバーの夢だった日本武道館でのライブが行われた。チケットは完売。この日のために特注の法被《はっぴ》を着て駆けつけた直美さんは、満席になった武道館でのパフォーマンスを見て、胸がいっぱいになったそう。

「もう周りのファンと号泣でしたね。『全

武道館ライブは、この日のために特注した法被で参加。
水野勝
水野勝

国大会にいよいよボイメンが行った』みたいな。『あの日本武道館で歌ってる！　踊ってる！』って」（直美さん）

直美さんは、ボイメンを応援し続けることで、地元・愛知県で暮らす楽しみも増えたという。推しの水野勝《まさる》さん（2022年に卒業）がブログで紹介した地元の料理は欠かさずチェック。時間があれば、自分もお店を訪ねて食べるようになった。地元にいるからこその推し活だ。

老舗のうなぎ屋さんを訪れると、「水野くんって、いつもどこに座ってらっしゃるんですか？」と店員さんに聞く直美さん。店員さんが「だいたいこの辺ですよね」と答えると、すかさず推しが座った席へ。

注文するのは、もちろん推しがいつも食べているという「上うなぎ丼」。こうして推しと同じものを食べる幸せをかみ締めているのだという。「『女将《おかみ》さんに声をかけてあげてください』って、水野くんのブログに書いてありました」と伝えると、「本当？　ありがたいですね」と喜ぶ女将さん。

「地元の人が彼らを応援して、逆に水野くんもこの名古屋のごはんを食べて元気が出る。ファンとアーティストの相乗効果っていうか。『地元をお互いに応援して、盛り上げていこうよ』みたいなつながりを感じるんです」（直美さん）

Q&A 教えて推しライフ！

「推し」のいちばんの魅力は？

どの役もすべて「林遣都」ではなく、その役の人がこの地球上で今も私と同じように生活している人間であると錯覚してしまうほどの、演技力。今でもきっと、連続テレビ小説『スカーレット』の信作は一人になった喜美子のことを気にかけてちょこちょこ様子を見に行ったりしてるんだろうなって思えてしまうところ。（俳優　林遣都さん推し）

社会人となり巣立つ子どもたち全員を見送り、家にポツンと一人になったとき、子どもたちの成長が嬉しいはずなのに、一気に押し寄せてくる寂しさでなにも手につかなくなり、寂しいのに泣くこともできず気持ちが前へ向かない時期がありました。その気持ちを救いだしてくれたのが二人の歌声です。全力で魂を込めて歌う姿と歌声は、ストレートに心に届き、泣けなかった気持ちに寄り添いたくさん泣かせてくれて、次に進もうとする力をくれました。情景が思い浮かび、自分はたくさんの愛に囲まれていたんだと気づかせてくれる歌詞。最高です。二人に出会えたことに感謝しています。（アーティスト「C&K」推し）

DVDで初めて宝塚花組の『エリザベート』を見て、ルキーニ役の望海さんを認識。何も知らなかった私は、しばらく本当に男性の俳優さんだと思っていたくらい。素晴らしかった。（俳優　望海風斗さん推し）

映画『きっと、うまくいく』で44歳で20歳前後の大学生を演じた姿で好きになり、映画祭での来日時に生で見て完全にスターオーラのとりこに。知れば知るほど役作りや映画作りにかける完璧主義でクレイジーなまでの情熱、「ストーリーテラー」としての能力を使った社会活動など、本当にインドの国宝だと思います。
（インドの俳優　アーミル・カーンさん推し）

見ていると「明日も頑張ろう」という気持ちが湧き上がってくる将棋を指されるので、尊敬、感謝しています。（将棋棋士　永瀬拓矢さん推し）

YouTubeで「僕こそ音楽」を見て啞然として、井上さんのファンになりました。本当は人格者なのに、リップサービスでビッグマウスに見られがちなのでファンはハラハラしますが、どうにも優しくあたたかい芳雄さんの人柄が大好きです。話もいつも面白い！！

（俳優　井上芳雄さん推し）


それまではただキレイな顔の俳優さんという印象しかなかったのですが、バスティーユ陥落までのフランス革命の明るい面だけを描いたミュージカル『1789』で、その後のフランス革命の暗部、ロベスピエールが恐怖政治を行うことまでを予見させるような予兆を、その明るい作品の中で台詞もなく説明もないのに表情と演技だけで表現していた姿に魅せられました。「闇落ち」させたら古川雄大の右に出る人はいません。

（俳優　古川雄大さん推し）


たまたまチャンネルを変えてドラマ『2gether』を見て「何てかっこいい」。そして続きを見ていくうちに深い深い沼へ入って行きました。『2gether』のサラワット役、初めは険しい顔だったのがタインを大事にして好きでたまらない、話が進むにつれて優しい顔になっていくのがすごい好きです。心奪われました。

（タイの俳優　ブライトさん推し）


ライブやテレビやラジオでファンの私たちに話しかけてくれるときに必ず源さんは「あなた」と言ってくれます。たくさんのファンの人たちではなく、ちゃんと一人一人と向き合ってくれて思いを届けてくれているのがうれしいです。

（アーティスト、俳優　星野源さん推し）


あるときは映画のワンシーン、あるときは小説の一説を思わせるように、歌詞に色や匂いや季節感を感じ、あるときは不安定で鬱々とした感情を爆発させ、あるときは包み込むように寄り添うように癒やしを与えてくれます。そんな歌詞を、ライブでは千野さんが全身全霊で表現し、歌の中の主人公が、まるでそこにいるかのように、見ているお客さん一人一人に全力でなげかけてきます。 そんな千野さんの歌声と表現力に圧倒され、感動し、泣き、笑い、ライブが終わる頃には、自分の中のモヤモヤしたものや嫌な気持ちがきれいさっぱりなくなり、真っ白に浄化されます。GOOD ON THE REELは、本当に素敵なバンドです。

（アーティスト「GOOD ON THE REEL」千野隆尋さん推し）

どうして推しに「ハマる」のか
推しで自己理解

❤「ギャップ萌え」が推しの始まり

私たちが推しにハマるのはどんなときでしょうか。ある日乗ったタクシーで、運転手さんが、自分は「モーニング娘。」(現「モーニング娘。'25」)が好きだと話してくれたことがありました。アラフィフ世代の方だったでしょうか。ハマった理由を聞いてみると、仕事がうまくいかなくて体を壊して入院していたことがあり、そのときにベッドで聴いていたラジオから『ひょっこりひょうたん島』の主題歌が流れてきた。それを歌っていたのが「モー娘。」だったというのです。

それまで「モー娘。」のようなアイドルは、キラキラとした世界にいて自分とはまったく縁のない遠い存在だと思っていたそうです。そのキラキラアイドルが、運転手さんにとってはある意味ちょっとダサさを感じるようななじみのある歌を歌っていたことで、「何だかすごい。この子たちいい子なんだ」と身近に感じたようです。遠い存在だったものがグッと身近になり、雷に打たれたような衝撃を感じたのでしょうね。

「沼落ち」するきっかけのほとんどは、いわゆる「ギャップ萌え」だと私は思っています。

もちろんそれは入り口であって、ギャップ萌えでときめいても、ライブに行って嫌なところを見てしまったり、思っていたものと違ったりすると冷めてしまうこともありますよね。その運転手さんは、その後、「モー娘。」のライブに行ってすごくよかったのでしょう。だからこそ推し活が続いているのだと思います。

♥寂しさの隙間に推しは入り込む

人間は常に、「愛し、愛されたい」と思っている生き物です。それが人としていちばん潤う状態なのですが、裏を返すと、「愛し、愛される存在」「慈しむ対象」を常に求めているわけです。

私たちはどんなに順風満帆《じゅんぷうまんぱん》に生きていても、ちょっと寂しい、ちょっと物足りないなどと考えるときがありますよね。恵まれていないとかそういうことではなく、心にちょっとした隙間風が吹くときです。そんなときに、ふっと推しが入ってくるのです。

たとえば、恋人ができて1か月目のラブラブ状態。こういうときにはアイドルのコンサートに行って楽しいと感じても、特別な感情は湧きにくいはずです。けれど、付き合って3年がたち、5年がたち、「ちょっとどうなの？　最近」と思っているときに、「チケット余ったから行かない」などと友だちに誘われて行ってみると、「あれ？　なんだかかっこよく見えるんだけど……」となることがあります。

ストレスがたまっているときや、自分が満たされていないと感じているとき、疲れているときも同じです。そんな状態から回復するためのツールとして、無意識のうちにそういうものを求めているわけです。

そんなとき、前触れもなく自分が求めているものを持つ「推し」という存在が現れると、そこにすっぽりハマってしまうというのが、いわゆる推しにハマるという心理です。

ストレスだとか、弱っているだとか、寂しいだとかというとネガティブに聞こえますが、全国の推し活を応援する私としては、推しには必要があってハマっているのだから、「その〝推し〟は今のあなたのメンタルに必要な存在だったのだ」と言いたいし、堂々とハマっていただきたいと思いますね。モー娘。にハマったタクシーの運転手さんも、入院中はそんな状態だったのでないでしょうか。

♥推しの存在は最大の自己探求

歌やダンスがうまくてルックスもよいという人はたくさんいます。その中から、「やっぱりこの人が好き!」と推しにハマる理由のひとつに、「自分と似たタイプの人に惹かれる」ということがあります。それともうひとつは「憧れ」です。私たちは、この二つを併せ持つ人に惹かれる傾向にあるのです。これを心理学において「投影」といいます。

たとえば、普段から自分は人見知りで、物事をうまくこなせていないと感じている部分があったとします。そうすると、アイドルグループの中でいちばんおしゃべりが下手な子を見て、「こういうときに緊張する気持ちわかる」「この子はうまくおしゃべりできないけど、私もそういうことあったな」と投影が起こります。その一方で、歌に注目すると、「すごい！　こんなに上手に心に響く歌が歌えるんだ！」という憧れの部分も出てきます。

つまり、「自分自身の姿」と「自分はこうなりたいという姿」が、推しの中に要素として入っているのです。

同じ推しを好きでも、どこが好きかは人によって違ってくると思います。「優しいところが好き」という点を見ても、自分も優しくなりたいのになかなか表現ができない人にとっては「憧れ」ですよね。または、「すごく気配りをしているところが自分と似ている」と思う人もいるでしょう。どちらにしてもファンにとっては、「優しさ」がキーワードです。ですから、「自分はどうしてこの優しい人に惹かれるんだろう？　自分が優しくしてほしいのかな？　それとも自分が誰かに優しくしたいのかな？」と探究していくと、自己理解が深まっていくのです。

♥推しがすべてを知っている

推し活には、推し活をしている人自身の特性のようなものが表れる気がします。推しをより深く理解することは、自分自身への理解を深め、新しい気づきを得ることにもつながっていくということです。

ですから、推しをただ「好き」とか、「かっこいい」とか「かわいい」というので終わってしまうのはすごくもったいないことだと思っています。推し活をするなら、〝自分の中の好き〟を大切にして、その感動の気持ちを形として残しておくのがおすすめです。こういう立ち姿が美しい、あの言葉がすごく優しく心に響いたなど、自分が心揺さぶられたことをちゃんと言葉にして書き留めるのです。絵が得意な人はイラストにしてもいいし、ブログや日記に残すのもいいですね。

そのように推しの観察日記をつけてみると、しばらく経ってから、「あ、私って推しのこういうところに惹かれるんだな」ということがなんとなく見えてきます。

それをSNSやファン仲間に語ったり、また、ほかの人の言葉を聞いて、「あ、そうそう！　そういうこと、私も感じてた」などと刺激を受け合ったりするのもいいことです。

かつて私がカウンセリングした方で、医療関係のお仕事をされていた女性がいました。彼女は強く望んでその職業に就《つ》いたというよりは、親などの勧めで何となくその職業に就いたということもあり、「自分には向いてないんじゃないかな」と悩んでいました。とはいいつつも、自分に向いている職業もまったくわからない状態です。

カウンセリングでお話しする中で、彼女は好きなタレントのライブを見るとき、いつも華やかな衣装に目がいく自分に気がついたのです。推しが着ている衣装や、衣装を生かした演出を思い出し、「私はもしかしたらこういう方面に興味があるのかも」と考えたようです。キャリアチェンジをするときには勇気も必要だったでしょうが、結局、彼女はアパレル関係に転職し、イキイキと楽しく仕事ができるようになりました。

推しの存在は、最大の自己探求であり自己理解。推しを知ればあなた自身がわかるのです。

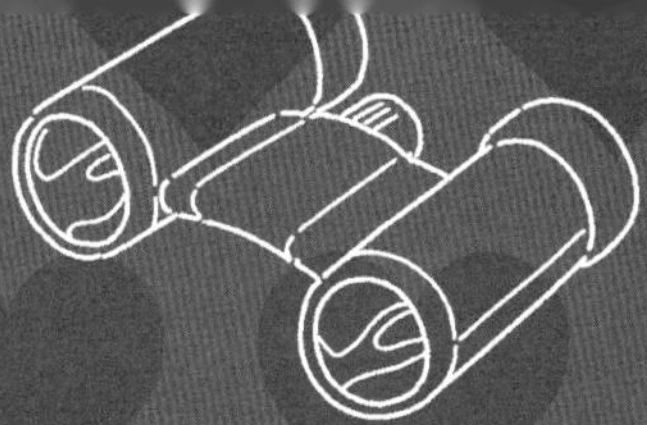

第2部

もっと知ってもらいたい！
私の〝推し〟

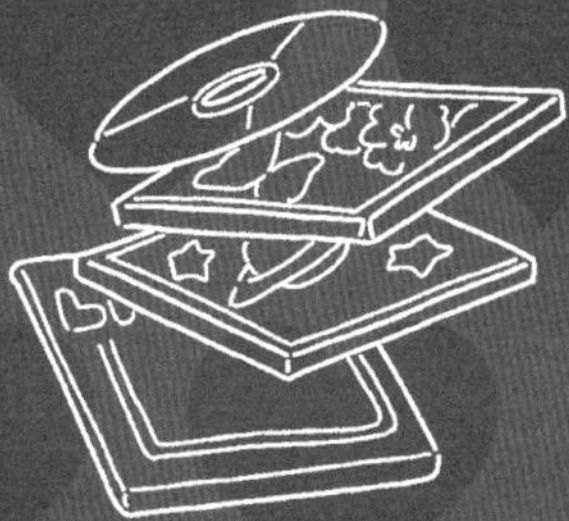

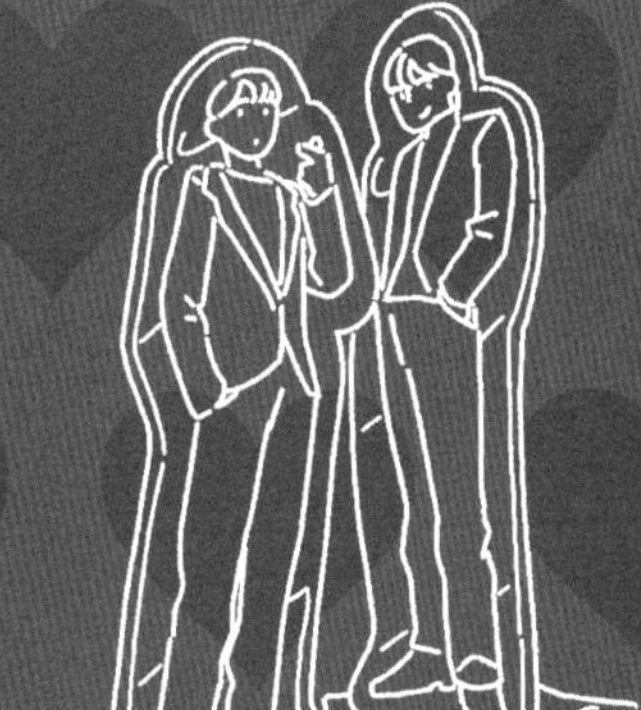

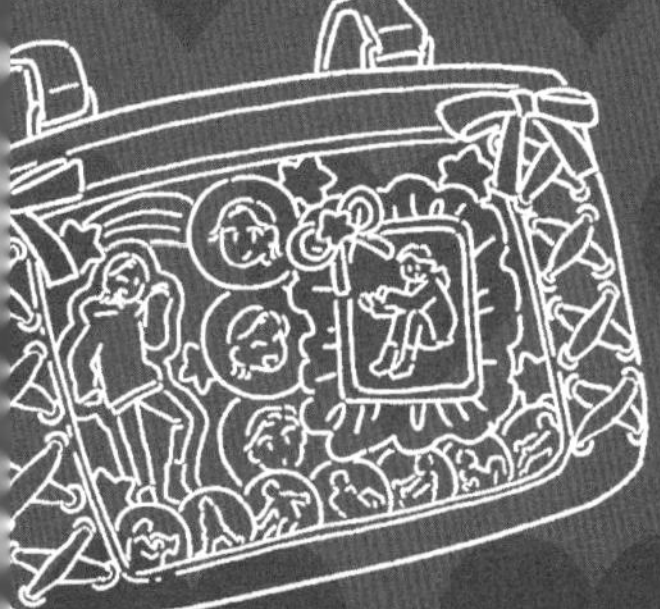

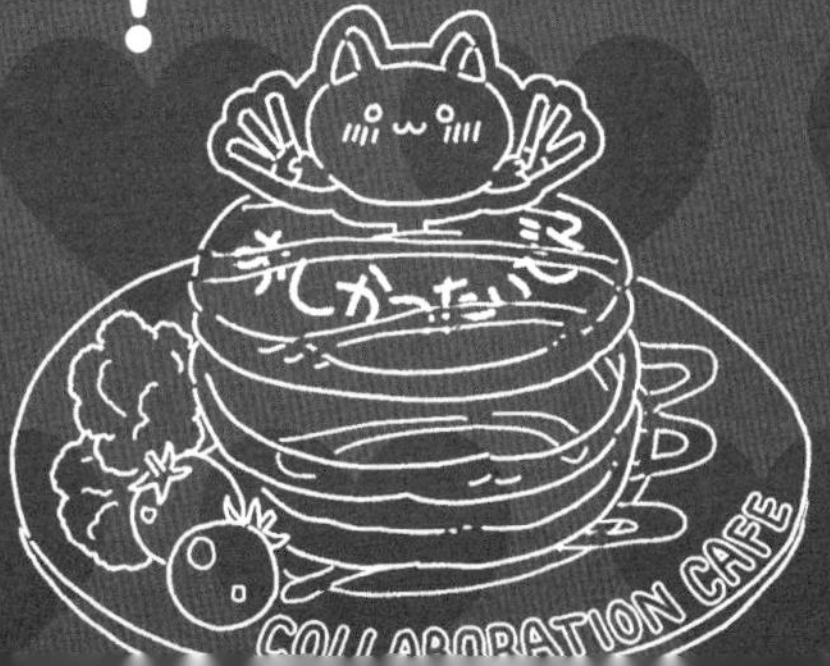

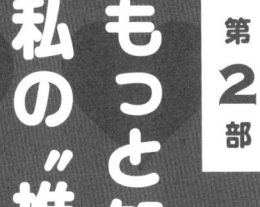

第3章 輝く画面の向こうに 俳優推し

♥推しを見れば自分がわかる

ある俳優を好きになり、一緒に年齢を重ねていくファンもいる。逆にある時期が来ると、別の俳優へと好みが移り変わる人もいる。「自分が好きになった俳優を頭の中で順番に思い浮かべてみると、織田裕二《ゆうじ》さん→阿部寛《ひろし》さん→高橋一生《いっせい》さんだった」という番組メッセージがあった。昔は濃い顔の人が好きだったのに、年を重ねるにつれ、あっさりした顔が好きになったのだそう。過去から現在へと自分の好みをなぞっていくと、案外、自分自身のことがよくわかるのかもしれない。

ひと口に「俳優推し」といっても、その出演する作品のジャンルは幅広い。しかも俳優のみに注目しても、テレビや映画でおなじみの人や舞台を中心に活躍する人、映像にも舞台にもまんべんなく出演する人、はたまた普段は声優やお笑い芸人、タレントを生業にして、ときどき俳優業をする人まで、実に多彩なのだ。

ここでは、主に映像を中心に活躍する俳優を推している方たちを取り上げた。舞台俳優推しについては第7章でご紹介する。

♥俳優推しあるある

推しが出演するドラマを欠かさず見る、推しが主演した映画を映画館に見に行く。映像中心に活躍している俳優を推していれば推し活はそうしたことが中心になると思いがちだが、番組に寄せられた「俳優推し」9753通のアンケートによると、推し活が高じて、ファンはそれぞれに独自の行動を起こしていることがわかった。

その行動をまとめると、おおよそ次の7つになる。

推しチャレンジ

推し予習

エキストラ参加
ゆかりの地訪問
推しグッズ
推し練習
推しは命の恩人

❤推しチャレンジ

推しチャレンジとは、ファンが推しから何かしら影響を受けて行動変容を起こし、今までの人生にはない新しい挑戦をすることだ。

多く寄せられたのは、推しがきっかけで読書家になったというケース。これは俳優推しあるあるで、ある作品への推しの出演が決まると、その原作本や関連本にもあたるようになるというもの。

以前、毎週1冊の課題図書を取り上げ、出演者と内容についてトークする番組を持っていた稲垣吾郎《いながきごろう》さん推しのファンは次のように語る。

吾郎さんが読書家なので、私も本屋さんに通うようになり、いろいろな本に出会うようになりました。（稲垣吾郎さん推し・60代女性）

また、斎藤工《たくみ》さん推しの30代女性はこんな推しチャレンジをしていた。

推しが以前、ＪＩＣＡ（独立行政法人国際協力機構）の『青年海外協力隊』のボランティアをしていたことに感化された。文房具メーカーに勤める私は、商品を購入いただくと代金の一部が募金になる文房具を企画。さまざまな団体と連携して商品を発売し、結果的に１００万円以上寄付できた。（斎藤工さん推し・30代女性）

❤推し予習

次に出てきたキーワードは「推し予習」。

これは沼にハマった熱烈なファンならではの行動で、今、推しがこのドラマに出ているから、きっと半年後にはあの映画にも出ているに違いない……と、マネージャーのように年間スケジュールを何となく予測するのだそうだ。

また、今は国内だけで活動しているが、やがては海外でも活躍するかもしれない、とか。さらには、推しの作品が海外でも放送、上映されると、その国の言語にも興味を持ち、外国語を学ぶ人もいるという。

人気ドラマ『30歳まで童貞だと魔法使いになれるらしい』に主演した赤楚衛二《あかそえいじ》さんは、中国や韓国でも人気。それを知り、赤楚さんの推しの40代の女性は、「中国語などの語学の勉強を始めました！」と語る。

♥エキストラ参加

ファン自ら、作品にエキストラとして参加する。これも俳優推しあるあるの行動だ。推しの出演作を見るだけにはとどまらず、積極的に参加してしまう。映像で推しの後ろにチラチラと映っていたら、もはや共演者!?　愛を注ぐ対象である推しが、今までよりもさらに身近に感じられること請け合いだ。

竹内涼真《りょうま》さん推しの50代女性は、夫婦でドラマのエキストラに参加しているという。

近くで涼真くんが見られると、同じチームの一員になった気分で、作品をより楽しめま

す。（竹内涼真さん推し・50代女性）

中村倫也《ともや》さん推しの40代女性は、ドラマだけでなく映画のエキストラにも参加しているそうだ。

エキストラ出演の最中、推しさまと目が合いそうになると顔を伏せてしまいますね。（中村倫也さん推し・40代女性）

❤ゆかりの地訪問

第2章で紹介したゆかりの地訪問は、俳優推しのファンの間でも活発に行われている。ドラマ、映画のロケ地巡りをはじめ、テレビ番組で推しが訪れたお店も「ゆかりの地」となる。普段は出不精《でぶしょう》な人でも、推しを応援していたいという思いが、外に出かけるきっかけをつくってくれるという。

寄せられたメッセージには、推し仲間と一緒に連続テレビ小説『なつぞら』の帯広《おびひろ》ロケ地巡りを実施したという方からのものも。

推し仲間と一緒に、ロケ地で推しがドラマで実際にしたのと同じポーズを取って、自分たちが映っている再現写真集を制作しました。（吉沢亮《りょう》さん推し・40代女性）

❤推しグッズ

続いては、推し活の重要アイテム、通称「アクスタ」の話だ。人気の推しグッズ、「アクスタ」をみなさんはご存じだろうか？　これはアクリルスタンドの略称で、推しの写真をアクリル板にプリントしたもの。これらをゆかりの地を訪問する際などに持っていき、アクスタを推しの分身として楽しむのだ。

連続テレビ小説『エール』でミュージックティーチャーを演じた古川雄大《ゆうた》さん推しの20代女性は、ゆかりの地を訪問するにあたって、必ず古川さんのブロマイドやアクスタを持ち歩き、写真を撮る際に写り込ませるのだそう。

NHKの『SONGS』でMCとナレーターをそれぞれ務める「TEAM NACS」の大泉洋さんと戸次重幸《とつぎしげゆき》さん。NACSを推す女性は、戸次さんと大泉さんのアクスタとともに旅行したという。

居酒屋のお皿の横に、戸次さんと大泉さんのアクスタを置いたり、黄色い花畑をバックに二人のアクスタを遊ばせたり。京都に旅行に行ったときは、和スイーツを背に戸次さんと大泉さんのアクスタを並べてみたり。

みな、推しの化身として、アクリルスタンドを旅のお供として帯同しているのだ。

❤推し練習

次なるキーワードは「推し練習」。これは推しが出演する作品を見ながら、まるでアテレコをするように推しの相手役になりきり、セリフの練習をするというもの。

佐藤健《たける》さん推しの40代女性のみーこさんは、推し練習の派生系として、声楽でオペラの楽曲を歌うときに、推しの佐藤健さんを相手役に思い浮かべるのだという。

健さんを相手役に据えて歌ったせいか、最近『声や表情にツヤが出てきたね』と周りから言われることもしばしば。健さんのおかげでいい歌が歌えています。（佐藤健さん推し・みーこさん）

♥推しは命の恩人

これは俳優推しに限ったことではないが、推しの存在自体が頑張れる動機だと答えるファンは多い。

実際に番組にも、何か具体的な行動ではなく、生きる気力自体を推しからもらい、つらい時期に推しに支えてもらったという声が数多く寄せられた。

5年前、乳がんの手術前に、大泉洋さんの映画のライブビューイングに参加し、感動しました。「必ず元気になって、生の大泉さんに会いたい！」と思い、抗がん剤や放射線治療を受け、頑張りました。（大泉洋さん推し・50代女性）

原因不明の病から救ってくれたと話すのは、ムロツヨシさん推しの40代女性だ。

「治らなきゃ会えない……。だから治す」と諦めない強さをくれ、完治させてくれた！定期的にムロさんのお姿を舞台で見ているからか、病は再発していません！。（ムロツヨシさん推し・40代女性）

高橋一生さん推しの女性は、このようなメッセージを寄せてくれた。

心を病んでいたとき、彼のおかげでまた生きたいな、生でお芝居が見たいなと活力が湧き、今は楽しく暮らしています。あのとき命を手放さなくて本当によかったと心から思います。推しに感謝。（高橋一生さん推し・30代女性）

推しになりたい。文化系から体育会系へ
横浜流星さん推し

浅田園子さん

視線ひとつで演じる役の繊細な感情を表現する俳優・横浜流星さん。2020年に公開された映画『きみの瞳《め》が問いかけている』では、食事管理と筋トレで鍛え抜かれた肉体を惜しげもなく披露した。キックボクシングのシーン、懸垂《けんすい》をする横浜流星さ

これまでの人生で運動を一切やってこなかった私が！

んの肩甲骨《けんこうこつ》周りの筋肉……この極限まで鍛えられた身体の美しさに魅了された人は多かったはずだ。

そんな流星さんの魅力にハマったのは、推し歴2年の、浅田園子さん（50代女性）だ。

「あまりにも胸キュンなんです。目の演技が素晴らしくて、もうホント、彼の目を見ているだけでもうドキドキするの。美しい瞳とくるりんとしたまつ毛を見るだけでも、私はうっとりです」（浅田さん）

推しと出会ってから、浅田さんは好みのタイプが一変。さらに長年続けてきた趣味までもが大きく変わった。

これまでの浅田さんは、夫の淳一さんとのクラシック鑑賞が毎日の楽しみで、20代からの趣味はオペラ鑑賞。オペラを見るために本場ヨーロッパの劇場にも足を運ぶほどの熱の入れよう。また、習い事も20年にわたって勉強してきたフランス語。

人呼んで、「THIS IS 文化系」の趣味の人だったという。

「やっぱり生で聴く歌手のソプラノやテノールの声は本当に素晴らしくて。心の底から感動することができるんですよね」（浅田さん）

50代になるまでクラシックやオペラしか聴いてこなかった浅田さん。ところが、横浜流星さんにハマってから、毎日聴く音楽のジャンルが変わったという。

最近よく聴くのは、サブスクリプションの音楽サービスで仕入れた最新のヒット曲だ。

「横浜流星くん主演のドラマ主題歌を歌っている星野源《げん》さんとか、あとは流星くんの映画『きみの瞳が問いかけている』の主題歌『Your eyes tell』を歌うBTSですね」(浅田さん)

クラシック、オペラ一辺倒だった浅田さんが、BTSを聴くように、長年趣味をともにしてきた夫の淳一さんは浅田さんの変わりように驚いているという。

「流星くんの話をするときの妻は、少女みたいですよ。そこがちょっと新鮮ではあるかなって感じはします。そういう意味じゃ、妻の興味がいろんな方向に展開していくのは、そばで見ていて、すごく好ましく感じています」(淳一さん)

流星さん推しになった浅田さんの華麗なる転身はとどまることを知らない。その極めつきが空手への挑戦だった。

これまでの人生で運動を一切やってこな

かった浅田さんが道場の門をたたいたきっかけは、もちろん推しの影響。横浜流星さんは、中学時代に極真空手の大会で世界一に輝いているからだ。

流星さんへの憧れが抑えきれず、新極真空手にチャレンジすることにしたのだ。

「横浜流星さんが子どもの頃からやっている空手は、彼にとっても本当に芯になっているものなんですよね。私はぜんぜん年齢も考えずに、『あっ！　やってみようかな』って、軽い気持ちで始めましたね」（浅田さん）

道場に通い始めて早2年。週に一度の稽古は、今でも休まずに参加しているのだそう。最初は足を上げることもままならなかった浅田さんだが、今では先輩相手に果敢にスパーリングをこなす。そして見事な回し蹴りも炸裂《さくれつ》するようになった。

そんな浅田さんに今の夢を聞くと、こんな声が返ってきた。

「いつか横浜流星さんと組手《くみて》の稽古をしたいです。押忍！」（浅田さん）

どこまでも推しへの愛をポジティブな挑戦に変えていく浅田さんだった。

コラム

推し仲間クイズ

番組に寄せられたメッセージを読み解いていくと、それぞれの推し仲間、ファン全体を指す言葉があるという。

教えて！　推し仲間名

千葉雄大《ゆうだい》さん推しの人は**「ちば友《とも》」**、山﨑賢人《けんと》さん推しの人たちは**「賢《けん》友《ゆう》」**と呼ばれている。

それでは、第3章で熱い「推しチャレンジ」を紹介している横浜流星さん推しのファンの総称は何だろうか。

「浜友」？　「流友」？　それとも「チーム流れ星」？

正解は**「流星群」**。横浜流星さんファンのセンスも光る呼称だ。

では、映像でも舞台でも大活躍の俳優・中村倫也《ともや》さん推しはどうだろうか？

答えは**「お倫《とも》だち」**。中村倫也ファンの50代女性からは、「SNSで〝お倫だち〟と情報交換しています。そこで教えてもらって、倫也くんとおそろいのニットをもらいました」とのメッセージが。

さらに続けると、中川大志《たいし》さん推しは**「大志民《たいしみん》」**。堺雅人《まさと》さん推しは**「サカイスト」**と呼ばれているのだった。

こういったファンの総称があると、いつの間にか推し活の面々で連帯感が生まれ、ファンの人たちがワンチームになれるのだそう。また呼び名があることで、SNS上でも仲間を探しやすいというメリットがあるという。

推しのおかげで新たな目標ができて勉強中
町田啓太さん推し
あみさん

あみさんが俳優の町田啓太《けいた》（劇団ＥＸＩＬＥ）さんにハマったきっかけは、２０２０年に放送されたドラマ『30歳まで童貞だと魔法使いになれるらしい』だ。この作品で、同性の同僚を好きになる役柄を繊細な演技で好演した町田さん。あみさんは、彼

どんどん
かっこよくなって
いく歴史を
かみ締める。

の磨き抜かれた演技に魅了された。

「いちばんの魅力はセリフがないところでも雰囲気というか、佇《たたず》まいで切なさを表現するところ。見ているこっちまで一緒に切なくなって。気がついたら落ちていたって感じですかね」（あみさん）

あみさんは、過去の町田さんの姿も知っておきたいと、推すようになってからすぐに町田さんが掲載されている雑誌のバックナンバーを手に入れ、年度ごとに切り抜いてファイリングしてきた。２０１８年のものからはじめたコレクションは順調に増えてきている。

「過去にさかのぼると、表情や髪型が違う。どんどんかっこよくなっていっている歴史をかみ締めるために、年度ごとに分けてファイリングしています」（あみさん）

あみさんがすごいのは、ここからだ。なんと、推しの今後の出演スケジュールを勝手に想像し、予想のスケジュールまで出していた。「夏ぐらいにまたドラマに出てくれたらいいなと思って。その後も映画に出るんじゃないかな」と話すあみさんは、近い将来、何度も映画館に足を運ぶことを想定して、今から実行しているのが日々の食費の節約だ。会社に持参するお弁当の予算は、1食あたり200円以内と決めている。

さらに驚くのは、学生時代に苦手だった英語をイチから学び直していること。その動機も推しにまつわるこんな想像から生まれた。

「いずれ町田くんがアメリカをはじめ、海外に進出するんじゃないかなって勝手に信じていて。海外進出して、海外のメディアでインタビュー記事が出たら、翻訳に頼らずにその内容を理解したい」(あみさん)

町田啓太さんの出世作『30歳まで童貞だと魔法使いになれるらしい』は、台湾や香港、タイをはじめとしたアジアで大人気になっている。町田さんがアジアだけでなく、欧米の作品にも出演する日を夢見て、あみさんは推しからもらうパワーを勉強のエネルギーに代え、今日も机に向かうのだ。

編み出したオリジナル鑑賞法

佐藤健さん推し

野中裕梨さん

推しの存在は、ひと言で言えば、光。

2018年の連続テレビ小説『半分、青い。』でヒロイン楡野鈴愛《にれのすずめ》の幼なじみ役である萩尾律《はぎおりつ》の青年期から中年期までを繊細に演じた佐藤健さん。一方、主演映画『るろうに剣心』シリーズではダイナミックなアクションで観客を魅了する。幅広い作品で多くの人を楽しませている人気俳優だ。

佐藤さんを応援するのは、推し歴2年の野中裕梨さん。彼女は公開された映画『るろうに剣心 最終章 The Final』を、1か月でなんと15回も鑑賞したツワモノなのだ。

彼女は推し活の一環で、日用品を収納していた居間のスペースを健コーナーに変身させた。その中でもいちばんの宝物は、佐藤さんの演技をいつでも見ていたいと、コツコツ買い集めた出演作品のDVDだ。『プリンセス・プリンセスD』『ビター・ブラッド～最悪で最強の親子刑事』『天皇の料理番』など、佐藤さんの出演作を全作品そろえたのだ。

「出演作は宝です。DVDのパッケージも抱き締めたいくらい。『一緒に棺桶に入れてくれる?』って周りに言ってます(笑)」(野中さん)

野中さんは、作品ごとにまったく違う姿を見せてくれる佐藤さんの演技力に毎回心を動かされるのだそう。

「天から授けられた素晴らしい外見を持っていながらも、誰よりも負けず嫌いで頑張り屋さんで、これ以上もう頑張れないっていうところまで頑張っている。だからこそ、彼の作品は人を感動させるんだなって思うんですよね」(野中さん)

しかし、彼女の楽しみ方は、普通のドラマ鑑賞とはひと味違っている。

楡野鈴愛（&野中さん）　ごめんね。遅くまで手伝わせて。
萩尾律　誕生日プレゼント、傘。
楡野鈴愛（&野中さん）　傘？　おお……かわいい。
萩尾律　雨の音がきれいに聞こえる傘。

そう、野中さんは、連続テレビ小説『半分、青い。』のシーンを、推しの相手役である楡野鈴愛になりきって、セリフを言いながら鑑賞していたのだ。

実は、こうしたセリフの朗読は意外なことに仕事にも役立っていると明かす野中さん。というのも、彼女の仕事は葬儀司会者なのだ。

感情を込めてセリフを言うことで、普段は使わない口の周りや舌の筋肉が鍛えられる。活舌《かつぜつ》もよくなり、厳《おごそ》かながら葬儀の参列者に寄り添うニュアンスのこもった司会ができるようになったという。

野中さんが編み出したこの「推し練習」。推し活と練習を掛け合わせた、まさに一石二鳥の活動なのだ。

コロナ禍では葬儀司会者の仕事が激減するなどつらい時期が続いた。しかし、推しの存在があれば前を向けると野中さんは感じている。

「健さんの存在は、ひと言で言ったら、光。とにかく光なんですよ。常に、どんなときでも頑張ろうっていうパワーを健さんからもらっています」（野中さん）

相手役になりきり感情を込めてセリフを言う。

推しが闘病中の支え

林遣都さん推し

ジュンコさん

自分の目がパチッと開いた感じで、一瞬で沼落ち。

首都圏に住むジュンコさんの仕事は、妊婦さんのおなかに安産祈願の思いを込めてイラストを描くマタニティペイントだ。彼女の推しは、2019年の連続テレビ小説『スカーレット』で松下洸平《こうへい》さん扮する八郎の良き理解者・信作を演じた林遣都さんだ。

林さんの演技はユーモアたっぷり。みんなから愛されるキャラクターを好演し、ファンの心をつかんだ。

ジュンコさんは、役に入り込んで演じきる林さんの姿に魅力を感じていると話す。

「ドラマという作り物の世界を超えて役を生きてくれる。その役柄の人物がちゃんとお母さんのおなかから出てきて、幼少期を経て今のその姿に成長したんだなって思えるので、そういう姿を見ると、人生の一部を、今というこの瞬間を切り取って見せてもらっているような感覚になるんですよね」（ジュンコさん）

実は林遣都さん推しになる前、ジュンコさんは大きな病に侵《おか》されていた。病名は脳脊髄液減少症。強い衝撃を受けることなどで、脳や脊髄の周りの髄液が漏れ出る病気だ。

発症の原因が特定できないことも多く、治療が難しいうえ、頭を少しでも動かすと、頭痛、首の痛み、めまい、耳鳴り、吐き気が起こるため、当時、ジュンコさんは寝たきりの生活に。有効な治療法が見つからず、自宅療養するしかなかったという。

当時の日記には、「死にたい」と記すなど、つらい気持ちが赤裸々《せきらら》に綴《つづ》られていた。

「〝地獄の苦しみ〟っていう感じでしたね。仕事はおろか、日常生活がもう送れないんじゃないか、今後も寝たきりで家族に介護をしてもらわなきゃいけない生活を送るんじゃないか、っていう不安と恐怖がすごかったです」（ジュンコさん）

発症当時、中学2年生だった息子さんは、ジュンコさんの病状に戸惑いを隠せなかったそうだ。

「お母さんが自分のこともあまりできなくなってしまったので、歯磨きとか、手伝えることは手伝って。お風呂に入れなかったので、体を拭くとかそういうことは僕がしていました。不安もあるし、僕がやらなきゃいけないっていう大変さもあって、いろいろな感情がぐちゃぐちゃしていました」（息子さん）

布団に横たわり、ただ時間が過ぎるだけの日々を送っていたジュンコさん。病気になって半年ほどたったある日、運命的に出会ったのが配信で見たあるドラマだった。それが、２０１８年に大ヒットした『おっさんずラブ』。林さんが演じるキャラクター、牧凌太《まきりょうた》に一瞬で沼落ちした。

「自分の目がパチッと開いた感じで。何コレ、面白い〜、楽しい〜、っていう感じで、ピカーンって目が開いて。そのときは病気のつらさとか、将来の不安とか、自分の体に対する恐怖とか、そういうものはまったくなくなって、何か新しいエネルギーが注入された感じでしたね」（ジュンコさん）

推しに出会ったジュンコさんには、新しい目標ができた。それは『劇場版 おっさんずラブ〜LOVE or DEAD〜』を映画館で見ること。

「劇場版は絶対に映画館に見に行きたい。行かないわけにいかない。でも、体を行ける状態にしない限りは、行けないんだから。じゃあ、行ける状態にしよう。と、自分の思考が切り替わったんです」（ジュンコさん）

ベッドで上半身を起こすだけでもつらいジュンコさん。それでも徐々に体を慣らしていった。

ベッドから起き上がって、床掃除のフローリングワイパーをかける日々が続いた。

「上半身を起こすだけでも、私には精いっぱい。体を起こしているだけでつらかった。でも、この体勢をキープするのも、リハビリのひとつだと思って頑張りました」（ジュンコさん）

リハビリと
称した床掃除を
日々繰り返し、
念願の映画館へ！

リハビリと称した掃除を繰り返すうちに、ジュンコさんは徐々に正座などもできるようになった。立って上体が起こせるようになると、次は杖をついて一歩一歩と歩く練習を始めた。

そして2か月後、執念のリハビリの末に映画館で映画を見ることができたのだ。

「映画館で泣きました。劇場版の物語で泣いたのもあるし、自分がここまで来られたんだなっていう、『私、映画が見られた』『2時間も座っていられた』『よくやった自分！』っていう気持ちも相まって、泣きましたね」（ジュンコさん）

劇場まで行けるようになったジュンコさんは、やがて病で休業していたマタニティペイントの仕事にも復帰を果たす。その後押しをしたのも、推しの林遣都さんだ。『おっさんずラブ』劇場版で林さんが演じた牧凌太のポスターのキャッチコピーに「夢を追いかける人であってほしい」という言葉があったからだ。

「『牧凌太！ 私、仕事復帰する。絶対する』って、心の中で誓いを立てて。病気になる前の技術力に戻れるまで練習すると決めましたね」（ジュンコさん）

自分で誓いを立てたこの言葉を励みに、ジュンコさんはさらなるリハビリを重ね、発症から1年後、仕事にも完全復帰を果たした。

今では健康を取り戻したジュンコさん。誰かを一生懸命に応援すると、やがては自分に返ってくる。壮絶だけれど爽やかな、ジュンコさんの「推しは命の恩人」エピソードだった。

「林遣都さんは、私にとって命の恩人です。私の命に色を取り戻してくれた人です。これからも自分自身も努力して、イキイキと生きながら、林遣都さんの新しい作品を見守っていきたいと思っています」（ジュンコさん）

教えて推しライフ 3

心理カウンセラー浮世満理子が語る

「推し疲れ」にならないために「推し活」のマナーとルール

♥推し仲間との関係に悩んだら

楽しく癒やされるはずの推し活なのに、力が入りすぎるとそれがストレスのもとになったりすることもあります。

よく聞くのは、「私はデビューしたばかりの売れていない時代からのファンだから、誰よりも推しのことがよくわかっている」とか、「推しのためにこれだけお金を使っているから推しに貢献している」とか、周囲の人にマウントを取る人。

そういう人は、ライブやコンサートなどの「現場《げんば》」に行くのがよいファンで、テレビだけで応援している、いわゆる「茶の間」は本当のファンじゃないなどと決めつけたりもします。

こういった言葉に傷つき、「私はダメなファンなのかも」と悩んでしまう人もいるでしょう。

私は本来、推し活は一人のものだと思うのです。推しの話で盛り上がったり、一緒にコンサートを楽しんだりする仲間がいるのは励みになることですが、むしろ一人でも楽しめるのが本当の推し活ではないかと思っています。一人では旅行や映画館に行けなかった人でも、推しを応援したいという一途《いちず》な気持ちで、一人で海外遠征にも行くようになったという人もいますよね。

推し活仲間との人間関係で悩んだら、少し距離を置いてもいいと思います。推しへの思いがすごく盛り上がっている時期と、ちょっとクールダウンしている時期と、人によって推し活のエネルギーにも波がありますよね。ですから推し仲間とはお互いに適度な距離を置いておけば、相手の言動にイライラすることも減り、仲間として穏やかな関係性を保てるのではないでしょうか。

そもそも、推しが好きということと推し活が楽しいと感じることとは違うものです。友だちだからといってその人の応援の仕方をまねする必要はないですし、自分の推し活をほかの人と比べることも無用です。

❤自分の行動も振り返ってみる

いろいろなタイプの推し、さまざまな推し活がありますが、私は「推し活には『限界点』があるのがいい」と思っています。

私たちは大好きな推しに対して、いろいろな妄想を膨らませるわけです。子どもの成長を見守る親のような気持ちもあるでしょうし、推しを恋人のように感じる人もいるでしょう。ただそれはリアルな生活ではなく、あくまでも妄想です。推し活にはリアルには届かない「限界点」があるのです。その限界点を忘れずに妄想の範囲内で楽しむのがいちばん美しい推し活だと、私は思います。

たとえば、推しへの思いが抑えきれず、推しの情報を全部チェックして入り待ちや出待ちを繰り返したり、自分がファンの代表のように振る舞ってほかの人をバカにしたり、SNSなどでファン仲間を攻撃したり。自分がそうなっていたら嫌ですよね。

攻撃的な行動は推しへ向けられることもあります。私はアスリートのメンタルケアにも携わっていますが、競技場では客席の声援がとてもよく聞こえるそうです。裏を返せば、ひどいヤジもよく聞こえているということです。野球やサッカーは地域スポーツでもありますが、だからこそチームが負け続けている状況は選手にとって残酷です。その地域の多くの人たちがチームのファンで、ですから、選手は外出時、たとえ家族と食事中であっても誹謗中傷《ひぼうちゅうしょう》を受けることがあるそうです。メンタルを壊し、外出できなくなってしまう選手もいます。

「自分の大切な推しを〝削って〟どうするのか！」と私は思います。

熱心なファンだからこそ見えるネガティブな面もあるでしょう。でもそれを推しに伝えるのは正しい応援ではないと思います。ＳＮＳなどで推し本人に辛辣《しんらつ》な言葉をかけるファンもいますが、そういった行動は推しにダメージを与えているだけ。推しに対しては「すごい！　素晴らしい！」と言い続けるほうが、推しのパフォーマンスアップにつながります。

美しい推し活をするうえで大事なことは、自分の行動は推しにとって「ふさわしい」のかを考えることです。推しにふさわしい自分でいようとすることが、気持ちが暴走したとき、ちゃんと自分を取り戻すためのいちばんのポイントです。

誰かにマウントを取ったり、推しの行動に厳しくなったりする人は、何をやっても、誰の推しになっても、同じことになってしまうはずです。自分の意見や行動がいちばん正しいなどと考え始めてしまったら、それはもう推し活とは違うスイッチが入っている証拠です。自分を見つめ直すときだと思いましょう。

♥推しへの思いは変化して当然

必要以上に思いが暴走してしまう人がいる一方で、推しへの思いが薄れてきたことに罪悪感を抱く人もいるようです。

推し活とメンタルヘルスを研究する中で振り返ってみると、私自身も推し活体質だったことに気づきました。

ずいぶん前のことですが、香港映画にハマったことがあり、その頃は字幕なしで映画が見たいと思って広東語《カントン》を習うほどの熱の入れようでした。そのおかげで今でも旅行先で困らない程度には話せます。特に誰が好きというわけではなく、香港映画全体の雰囲気にハマっていました。今でいえば香港映画の「箱推し」ですね。

また、中学時代は高校野球が好きで、家が近くだったこともあり、一人で甲子園球場に見に行ったりもしていました。

推しが人それぞれなように、推し活も人それぞれ。同じ人を推していても人によって推し活のしかたは違います。私のように、香港映画の場合は言葉の学習、高校野球は現地での応援と、一人の人間でも時期や対象によって推し方に違いがありました。

そして、そのどちらも、今でも好きの種火は残っていますが、当時ほどの情熱はなく、香港映画も高校野球も自分では卒業したと思っています。

卒業だと感じたタイミングは、推しへの思いが「成就《じょうじゅ》」できたときです。私の場合、香港映画推しでは、東京で開催された映画祭でレスリー・チャンさんに会うことができ、監督に挨拶することもできました。自己実現系の推し活で、それが卒業のきっかけになりました。

高校野球推しでは、高校で野球部のマネージャーになったことです。球場にいた憧れのお兄さんたちが自分の同級生になったことで、野球が自分の一部になり浄化されたような感覚になりました。それで自然と離れていったように思います。

推しにハマる理由のひとつに、自分にはないものを持っている推しへの「憧れ」があります。優しさを求めているときは優しさの象徴が好きで、強さを求めているときは強さのシンボルになる人に憧れます。人それぞれですが、その求めていたものがある程度満たされたり、自分の一部に備わってきたりすると、卒業するタイミングではないかと思うのです。

推しへの思いが薄れることは悪いことではなく、自分が成長した証《あかし》でもあると考えましょう。

ずっと推しが変わらない人もいますが、時代とともに変わっていったり、複数いたりする人もいますよね。それは、そのときそのときで、憧れているものが変化していっているからともいえます。

Q&A 教えて推しライフ！

「推し」で人生が変わった！

自分のやりたいことならどんなに困難でも挑戦し続けるという姿勢に背中を押され、学生時代に断念したフランス留学へ行きました。仕事をやめて、２人の子どもを連れて、２年！　向こうの大学のコースを無事、終了しました。自分に自信がついたし、何もこわいものはなくなりました。何より、自分の生き方がとても好きになれました。
（アーティスト「L'Arc〜en〜Ciel」hydeさん推し）

夫には内緒ですが、推しに似ているという理由で好きになり、そのまま結婚しました。今では一児の母です。うちの息子は推しのおかげで誕生した……かもしれません。（俳優　松本慎也さん推し）

推しのエキストラ募集があった際に「男性を連れてきてくださる方は当選率をあげます」とあったので、その時誘った人が今の婚約者です。一度はあまりにも推しに恋している私に心が折れたそうですが、諦めずにアプローチしてくれました。（俳優　鈴木拡樹さん推し）

父の葬儀のあと、落ち込む母と『陳情令』50話を一気見して元気が出た。母も私も一博の美しさに笑顔をもらって生きる活力になった。感謝。
（中国の俳優　王一博さん推し）

がんの治療中なので「これから何十年もライブに行く」という目標をもらえた。（アーティスト　米津玄師さん推し）

私はそれまで、誰にも嫌われたくなくて、嫌いな人の方を向いて生きていました。でも、松井さんの生き方を見て、大切な人のことを見て生きようと思いました。生きやすくなって、とても感謝しています。
（お笑いコンビ「ぺこぱ」松陰寺太勇さん推し）

いつか自分の劇場を建てたい。こけら落とし公演は彼に出演オファーをして、最前列で見たいと思っています。（俳優　浮谷泰史さん推し）

母私娘と親子3代宝塚ファン。80歳を過ぎた母が立ち上がることもできず痩せ細り弱り果てたとき、母の贔屓の宝塚トップスターの公演を私と娘とで支えて劇場に連れて行き、これが最後かも……と見せたら、帰りは別人のように元気になり足取りも軽く帰宅しました！　それからもご贔屓の次の公演を見るために食欲も出て元気になり、推しからのパワーの半端なさを目の当たりにしました！　きっと私も将来そうなると思います。（俳優　礼真琴さん推し）

推しのお母様のエピソードに感動し、私もそうありたいと思うようになってから、子どもを信じて見守れることが増えたと思う。子育てにとても悩んでいましたが、好きなことをあきらめなかった推しの生き方そのものに励まされて、我が子にも自分を信じて好きなことを追求して欲しいと思えるようになりました。推しのおかげで、我が子の人生は変わるかもしれないなぁと思います。（俳優　松下洸平さん推し）

推しが2013年に出演したミュージカル『スリル・ミー』のインタビューをとある演劇誌で読み、その演劇誌を発行した会社に就職しました。掲載されている写真は8年前くらいのものですが、今でも私のいちばん好きな写真です。演劇情報が飛び交う会社なので働いていて楽しいです。（俳優　柿澤勇人さん推し）

会社がかなりつらかった、でも家族がいるので辞められません。そんなときに、ふと推しの曲が35年ぶりに耳に入りました。そして35年ぶりにコンサートにいってみました。ファン復活！　今は元気に会社で働いています。そして35年前、あんなに夢中だった自分の中の気持ちもよみがえって今はとても充実した毎日です。50歳のおばさんが中学生の頃の気持ちを取り戻して毎日を送れるなんて、自分はなんて幸せなんだろうと思いました。あきらめていた会社での仕事、英語でのミーティング、技術試験をパスして新しい分野にも挑戦してみました。新しいことが怖くなくなりました。（アーティスト「THE ALFEE」坂崎幸之助さん推し）

何に対しても「失敗したらどうしよう」という思いがありましたが、出会ってから「まずやってみよう」と思えるようになりました。誰も足を止めてくれないイベントの頃から何事にも一生懸命に取り組み、小さな子どもからお年寄りまで常に寄り添う姿勢で対応してくれます。熊本地震後はじめて会いに行った日の子どもたちの笑顔とおばあちゃんたちの涙が忘れられません。（熊本県PRキャラクター「くまモン」推し）

第4章 音楽アーティスト推し

幸福なハーモニー

♥音楽アーティスト推しあるある

第4章では、すでに人気の音楽アーティストから新進気鋭のアーティストまで、濃厚な音楽アーティスト推しの愛の形を紹介する。

ロックからポップス、フォークまで、音楽のジャンルは幅広い。しかし寄せられた2万件以上のアンケートに目を通すと、音楽の方向性は違えど、ファンの行動は意外にも似ていることがわかった。

それらを「音楽アーティスト推しあるある」としてまとめると、次の4つが挙げられる。

♥全国に友だちができがち

アーティストのツアーのために各地を巡ることで、縁もゆかりもない土地に、どんどん知縁《ちえん》ができる。職業が違っていても、年齢が離れていても、推しのアーティストという共通の話題があれば話は尽きない。コンサートやライブ後に「打ち上げ」と称して毎回、その日の感想を語り合えば仲良くならないわけがない！

毎年、推しのツアーのたびに交流を重ね、結婚したり、子どもができたり、あるいは定年を迎えたりと、ファン個人個人のそれぞれのライフヒストリーも共有する中で、ファン同士がちょっとした疑似家族のように付き合いを深めている場合もあるという。

♥ライブに向けて体力つけがち

オールスタンディングの会場は、前方に行けば人でぎゅうぎゅう。客席のある会場でも、盛り上がれば一斉に立つのが当たり前。短くても2時間、場合によっては3時間以上に及ぶ音楽アーティストのライブでは、足が痛いだなんて言っていられない。音楽アーティストを推すには体力も必要なのだ。

ライブの最中、疲れ知らずでいるために、足腰だけでなく、腕を上げたり、声も出せるよう体力をつける人もいる。

♥歌詞を写経のように書き写しがち

アーティストのナンバーに触れ、聴き込んでいるうちにアーティストのことがもっと知りたくなる。この歌詞は文字どおり受け取っていいのだろうか。それとももっと深い意味があるのだろうか。意味深な歌詞は、どう解釈すればよいのだろうか。

ただ歌詞を見て考えるだけでは飽き足らないファンは、歌詞を自分で書き写してみるのだという。実際に文字にしてみると、アーティストが脳に汗をかきながら絞り出したその言葉の深淵《しんえん》に触れたような気になれる。

文章がうまくなりたければ、好きな作家の原稿を写経するように書くといいと聞くが、歌詞も書き写すことで、ファンの体にアーティストの紡ぐ言葉が浸み込んでいくのかもしれない。

♥アーティストと同じ髪型しがち

ハイトーンカラーのボブや刈り上げなど、個性的なアーティストと同じ髪型にするファンも多い。現在進行形で本気でまねようとすると大変なのが、K-POP。新曲ごとにメンバーの髪色が大きく変わってしまうからだ。この間までシルバーだったのに、次の新曲ではピンクなんてことも。

同じ推しを推していても推し方はさまざま。逆に、推しのジャンルは違っていても、なぜか「あるある」は似通っているのが推し活の面白いところ。推し活とは、新しい人間関係を築くきっかけでもあり、新しい自分に出会うきっかけでもあるのだ。

ゆずとともに26年 ゆず推し

まゆさん

「ゆず」の推しのまゆさんは、現在40代。お子さんを含めた家族4人で暮らしている。

まゆさんが初めて「ゆず」の歌声を聴いたのは、自身が19歳の頃。まだデビュー前だった「ゆず」の二人が、彼らの地元、横浜・伊勢佐木町で行っていた路上ライブで

ライブTシャツに「ゆず」の出身校のジャージでライブに。

だった。

「同世代の彼らが歌っている姿は、当時の私にはすごく輝かしく見えて。ああ、なんか頑張んなきゃなっていうか。『ゆず』さんの人柄も、ゆずの歌も、全部ひっくるめて、本当に大好きです」（まゆさん）

一途な「ゆず」推しのまゆさん、ほかのアーティストに浮気することは一度たりともなかった。集めた「ゆず」のCDやDVDは100枚以上。毎日曲を聴くのはもちろん、ライブDVDも日々欠かさず見ているという。だが、やはりまゆさんにとっていちばんは生のライブだ。

「やっぱり生で聴くのは、映像とはまたぜんぜん違うので。会場に行けば、生身の二人に会えるわけですから。どんなに遠い席でも、二人に会えて、歌声が聴ける時間は、すごくいとおしくて、大事なものですね」（まゆさん）

まゆさんには、ライブに行くときの格好にもこだわりがある。

ライブTシャツに「ゆず」の出身校のジャージはもちろんのこと、一緒にライブに行く友だちが手作りしたゆずのイヤリングに、ゆずのヘアゴムという、フル装備だ。

そして肩にかける大きなバッグの中には、

ファンクラブのマスコット〝ゆず太郎〟が入っている。

毎年ライブのお供をするゆず太郎には、年末の決まり事があるという。

「我が家にはゆず太郎が5人いるんですけど、『今年の汚れを落とそうね』ということで、年末に必ずネットに入れて洗濯機でグルグル回して、彼らを干していますね。それをやってから『NHK紅白歌合戦』に挑むという。なんかこう、私の中で謎の儀式になっています」（まゆさん）

さらに音楽アーティスト推しならではの、こんなコレクションも。それは「銀テープ」（通称「銀テ」）と呼ばれるもの。銀テープといっても、色は銀だけではない。年によって赤、黄色、黄緑と、色も変化する。「ゆず」のライブでは、デビュー曲の「夏色」がかかると、必ず銀テープが飛び出すのだ。

「銀テは、拾えたらラッキーって感じで。拾えたときは、大事にまとめて保管しています。『今日は取れない席だな』って思うときもあります。取れるか取れないか、瀬戸際の席にいるときは、ライブ中に『来るか来ないか……』と、自然と前のめりになっている自分がいますね」（まゆさん）

そして取材陣の「『ゆず』、好きですか？」の声に「好き！」と答えたのは、なんとまゆさんの娘さんのはなさん。まゆさんの推し活は、娘さんにも影響を与えているのだそう。9歳のはなさんの推し歴は10年。年齢より1年多いのはなぜなのだろうか。

「胎教に『ゆず』を聴いていたこともあって、娘は自然と〝ゆずっ子〟になった感じです。幼いときに『うわ〜ん』って泣いていても、『ゆず』の歌をかけると、いつの間にか寝てくれました。私が好きで聴いていたこともあって、おなかの中にいる頃から親しんできたのかもしれないですね」（まゆさん）

今では元気なはなさんだが、生後すぐは体が弱く、大変な時期もあったのだという。そんなときに、励ましてくれたのが「ゆず」の「翔《しょう》」という曲だ。

「僕らはいつも試されている　立ち塞《ふさ》がる大きな壁に　だけどどうか一つだけ信じて欲しいんだ　それは僕らにしか越えられない壁だと」（ゆず「翔」作詞・北川悠仁《ゆうじん》）

「ああ、そっか。娘の問題は私しか越えられない壁なんだな。この壁を越えれば、私たち家族にもきっといいことがあるんだって。それまでは頑張ろうと思いましたね。『翔』を聴いたときに、今までモヤモヤしていたのが、パッと視界が開けて明るくなったような気がしました。娘の体調で悩んだ時期は、この曲にすごく助けてもらいましたね」（まゆさん）

人生の節目節目で「ゆず」に力をもらったというまゆさん。親子2代で「ゆず」推しを続ける彼女が、そのときどきの彼らのナンバーを振り返ることは、娘・はなさんの子育ての軌跡を振り返ることにもなるのだった。

〝ゆず太郎〟の汚れを落とすのが年末の定番行事。

悪魔が仲人
聖飢魔II推し
赤羽ユカさん、リョウさん

仲を深めてくれたのも、結婚のきっかけも閣下。

「お前も蠟《ろう》人形にしてやろうか」

1986年のデビュー・シングル、ならぬデビュー小教典こと「蠟人形の館」で知られる「聖飢魔II」。悪魔教の布教のため、地球に降り立った悪魔集団の彼らは、多くのファン、いや信者を獲得してきた。

「聖飢魔II」推し歴31年という赤羽ユカさん。てっきりデーモン閣下の歌声に魅せられたのかと思いきや、ハマったきっかけは聖飢魔IIの音楽ではなかったという。

「きっかけは高校1年のとき、同級生に勧められたデーモン閣下のラジオでした。すっごく面白かったし、なんだか頭いいな、この人って。ま、閣下は〝人〟じゃないですけどね」（ユカさん）

ラジオをきっかけに「聖飢魔II」を知ったユカさんは、ある年、完全に沼落ちする。それが1989年の『NHK紅白歌合戦』で歌った「白い奇蹟《きせき》」だった。雑学満載のラジオとはまた違う、閣下の高く透き通る声と圧倒的なパフォーマンスに心を奪われたのだそう。

「音楽で心が湧き立つような感覚になったのは、生まれて初めてでした。体が熱くなって、『うわ～、すごい！』って思いましたね」（ユカさん）

その後、ユカさんの行動はエスカレート。

「隙《すき》あらば、閣下のメイクをしていました。体育祭のリレー競技も閣下メイクで走りました」（ユカさん）

当時、高校生だったユカさんは、体育祭のみならず、文化祭やほかの学校行事も閣下メイクで参加していた。さらに「閣下のようになりたい！」と思い立ったユカさんは、外見だけにとどまらず、閣下の考え方にも影響されていく。「聖飢魔II」の号令のもとで行われた献血やごみ拾いなどの「慈善活動」ならぬ「偽善活動」にも積極的に参加していった。

「当時のファンクラブの会報や、ラジオで話される閣下の考え方や価値観には、やっぱり大きな影響を受けましたね。閣下は国内外のいろんな地域で育っているせいか、物事はいろんな方向から見なきゃいけないと語っていて。閣下のおかげで、自分の人生の自由度がものすごく高くなりました」（ユカさん）

社会人になると、「聖飢魔II」のドラマーであるライデン湯澤殿下《ゆざわでんか》に憧れ、自身もドラムを習うように。

楽器を演奏する「聖飢魔II」信者がセッションする会にも、足を運ぶようになると、人生の転機が訪れる。

「仲を深めてくれたのも、結婚のきっかけも、やっぱり聖飢魔IIという共通項があったからかなと思いますね。夫婦で信者、やってます」（リョウさん）

リョウさんとユカさんは、なんとご夫婦。「聖飢魔II」信者のセッションで、ユカさんはギターを弾くリョウさんと知り合い、交際開始から1年後の2009年9月9日、めでたく二人は結婚したのだった。

「『聖飢魔II』や閣下は、私たちにとっての仲人。仲人って、仲に人って書くから、私たちの場合は仲悪魔？　もう、仲悪魔さんですね」（ユカさん）

ユカさん一人でも十分パワフルな信者活動だったが、夫婦になるとその熱量も倍以上になる。ついに「聖飢魔II」の衣装ならぬ戦闘服を、イチから手作りするようになった。

「公式の型紙《かたがみ》なんて当然公開されていないので、イチから自分たちで研究して、採寸を繰り返し、試行錯誤を繰り返して、ようやく作り上げました」（ユカさん）

夫婦でフルメイク、フル戦闘服。とがった襟《えり》、甲冑《かっちゅう》のような部分までも完全再現。もはや型紙はプロのパタンナーの域だ。

このいでたちで赤羽さん夫婦が参加するのは、ライブならぬミサだけではない。推し仲間とともに、「聖飢魔II」のコピーバンドを組んで、バンド活動もしているのだ。

目的はもちろん、「聖飢魔II」の教典の素晴らしさを世に布教するため、だ。

「『聖飢魔II』がなかったらって考えると、たぶんスタジオでバンドの練習もしていないし、当然、彼と結婚もしてないし。もう感謝しかないですね。これからも、ずっとずっと『聖飢魔II』を推し続けていきたいです」（ユカさん）

「これからも二人で仲良く信者をやっていきたいです！」（リョウさん）

「推しのアーティストが同じ」から意気投合して、恋に落ち、結婚に至る人は意外と多い。でもここまで強火の二人を結びつけるなんて、やはり「聖飢魔II」はすごい力を持った〝仲悪魔〟なのかもしれない。

推しが好きすぎて店員に椎名林檎さん&東京事変推し

吉野真代さん

あるCDショップに行ってみると、店員さんが口々にこう自己紹介してきた。

「僕の推しは『アイドルマスター』。推し歴は17年です」

「私の推しは『キリンジ』です。推し歴は27年」

椎名林檎
JO1
Paramount
推しと同じ服なら、ちょっと嫌なことがあっても落ち込まない。

「僕の推しはこちら！　RAYさんです。推し歴は3年です」

「私の推しは『V6』（2021年に解散）です。推し歴は11年です」

こちらの人たちは皆、推し活が高じてアーティストのCD販売を担う店員になったのだった。

新宿にあるこの店舗には、中でも桁《けた》違いのツワモノがいるそうで……。

「彼女の熱量はハンパないと思います。筋金入り。私もオタクですけど、もう別格です」（「キリンジ」推しの女性店員さん）

すべての店員さんが一目《いちもく》置く〝究極の推し活〟の人とは、吉野真代さん。推しは誰なのだろう？

「私の推しは、椎名林檎《しいなりんご》と『東京事変《とうきょうじへん》』です」（吉野さん）

吉野さんの勤務時のスタイルは、椎名林檎さんご本人そのものだ。ハイトーンカラーのボブに、ショップエプロンの下は「東京事変」の「ウルトラC」ツアーのニッポニアジャージ。さらにその下は推しが『NHK紅白歌合戦』で着用したTシャツを身にまとっている。

「仕事で『今日は頑張るぞ！』って気合い

を入れるときに、選んで着るようにしています。ちょっと嫌なことがあったぐらいじゃ落ち込まない。『だって今日は林檎さんと同じ服を着てるしな』みたいに思えるから。ツアーグッズを身に着けていれば、何があっても幸せですね」（吉野さん）

吉野さんが椎名林檎さんと出会ったのは、中学2年生のときだ。友だちが紹介してくれた『丸ノ内サディスティック』を聴いたとき、今まで耳にしたことのない音楽に衝撃を受けたという。思春期真っただ中の吉野さんは、人生で初めて好きなアーティストに出会えたことで、周囲に合わせることなく、「好きなものを好き」と言える自信が芽生えたのだそう。

「当時は、自分で何かを選択する意思がなかったんですよね。『自分がしたいからこうする』みたいなものがなくて。みんながやっているから同じものを選ぶということばかりだったんですけど。ほかの人とちょっと違っていても、ぜんぜんOKなんだなって、初めて思えたんですよね」（吉野さん）

社会人になり、一度はアパレル関係の仕事に就いたものの、「どうしても林檎さんに会いたい」という一心でCDショップに転職したのだった。

「当時のTwitter（現X）やmixiを見ていると、『東京の○○店にこのアーティストが来ました』という投稿が上がっていて。『CD屋さんで働いたら、アーティストに会えるんじゃないか』っていう単純な気持ちで入社しましたね。実際は、ぜんぜん会えないんですけどね」（吉野さん）

当初の目的だった椎名林檎さんご本人には会えないものの、この仕事はアーティストの魅力を思う存分伝えられる職業だと気づいた吉野さん。自ら買ってでて担当しているのが、アルバムの発売のタイミングで作られる特設コーナーだ。特に力を入れているのが、すべて手書きで作成しているポップ。黒地の模造紙に銀のカラーマジックで書かれていたのは、ほぼ全曲分のライナーノーツ。アーティストの魅力をより深く伝えるため、マニア向けには、さらに1曲ずつ細かく解説した冊子も用意した。もう、文字がびっしりなのだ。

ここまでの楽曲解説をするために、吉野さんはいったいどんな準備をしているのだろうか。新曲が出るたび、吉野さんが最初に行うのは、楽曲の聴き込みだ。たとえば吉野さんのスマートフォンの画面に出ている「緑酒《りょくしゅ》」（東京事変）の再生回数1048回！

「多いときだと、1曲につきだいたい100回ちょっとは聴き込んでいますね」（吉野さん）

たっぷり聴き込んでからポップを書き始めるわけだが、ただオススメするだけではなく、彼女なりのこだわりがあるのだという。

「お客さまに読んでいただくためのものなので、私の主観を押しつけることは絶対しないよう、断定したり、言い切ったりしないことを心がけています」（吉野さん）

一人のファンであると同時に、アーティストの魅力を伝えるプロフェッショナルでもある吉野さんは、仕事と推しへの愛の線引きをしっかりとしているのだ。

ところでその後、椎名林檎さんご本人には会えたのだろうか。

実は2019年に椎名さんご本人が、吉野さんが働く新宿の店舗に来店。そのとき、吉野さんはファンとは伝えることなく、いち店員として、プロとして店内を案内したのだそう。吉野さん自作のポップを見た椎名さんは、「これ、全部作ってくれたんですか？」と声をかけ、お店へサインもしてくれたという。

「感動のあまり、椎名さんがお店を後にし

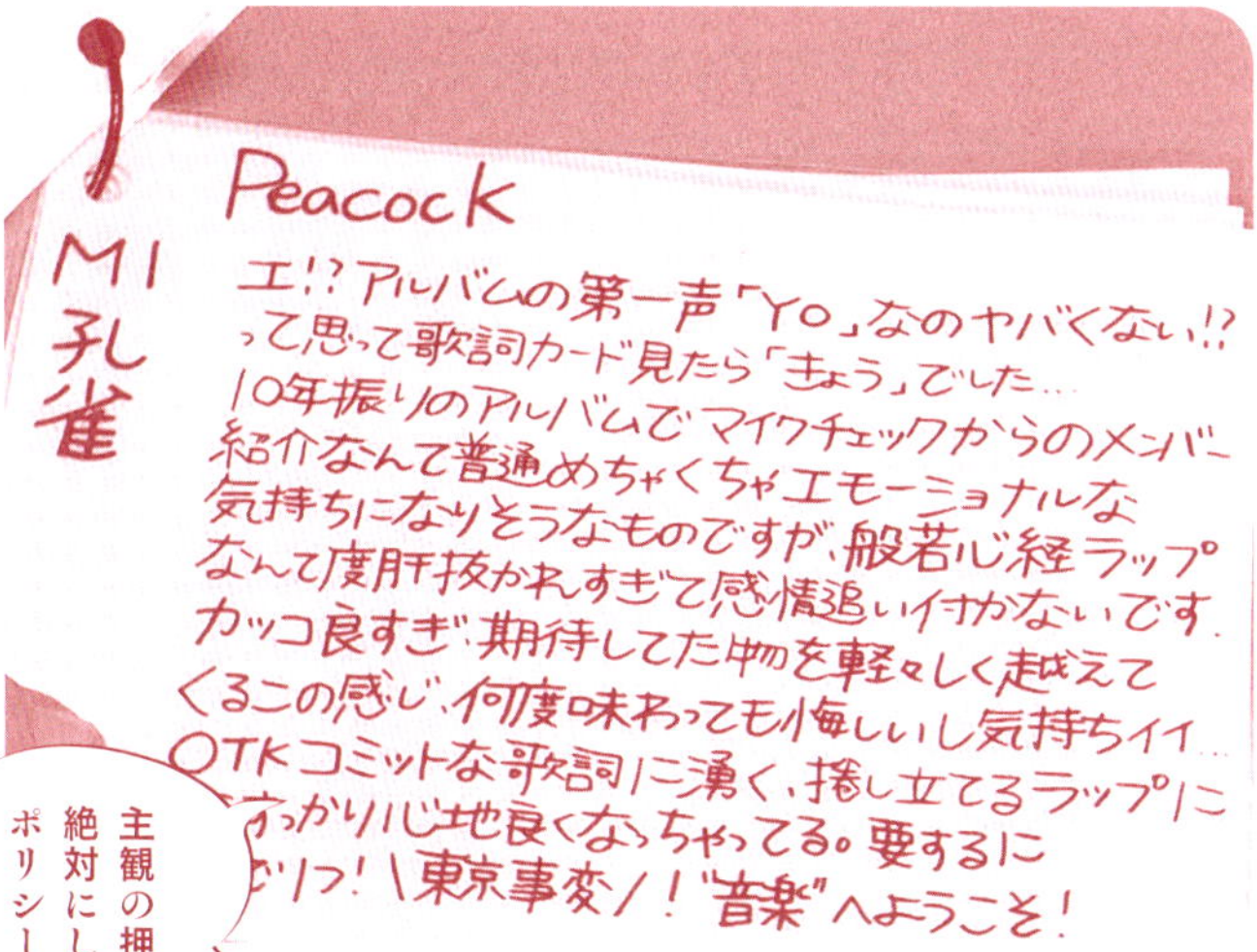
Peacock
M1 孔雀
エ!?アルバムの第一声「YO」なのヤバくない!?
って思って歌詞カード見たら「きょう」でした…
10年振りのアルバムでマイクチェックからのメンバー
紹介なんて普通めちゃくちゃエモーショナルな
気持ちになりそうなものですが、般若心経ラップ
なんて度肝抜かれすぎて感情追い付かないです。
カッコ良すぎ、期待してた物を軽々しく越えて
くるこの感じ、何度味わっても悔しいし気持ちイイ…
OTKコミットな歌詞に湧く、捲し立てるラップに
すっかり心地良くなっちゃってる。要するに
\東京事変/!"音楽"へようこそ!

主観の押しつけを
絶対にしないのが
ポリシー。

た瞬間、もう腰から崩れ落ちました」（吉野さん）

「推し事」が「お仕事」になった吉野さん。今日も推しへの熱い気持ちを胸に、ポップを書き続けている。

推し活リアルVOICE

推し活を続けていたらYouTuberに純烈推し

まやこさん

おなじみ「スーパー銭湯アイドル」の「純烈《じゅんれつ》」。昭和の薫り漂うムード歌謡を歌う彼らの代表的なファンサービスは、「ラウンド」だ。

「ラウンド」とは、スーパー銭湯のステージから客席に降りて、メンバーがファンへ

この世を去る時も、純烈と一緒にいたい！

の握手や声かけをする密なコミュニケーションのこと。ファンとの触れ合いを大切にする彼ららしいおもてなしだ。

この「ラウンド」が大好きだという推し歴11年のまやこさんに、その魅力を聞いてみた。

「『子どもたちは元気?』とか、『娘さんはダンスを頑張ってる?』とか。純烈のみんなが、本当に友だちみたいな感覚で話しかけてくれるので、それがうれしくて。それでいて、彼らはしょっちゅう『ありがとう』『ありがとう』って、感謝を口に出して伝えてくれる。そういう純烈の人間性がとても好きですね」(まやこさん)

まやこさんの自宅には、これまで誰にも見せたことのない純烈にまつわるものがあるという。こっそり見せてもらうと、巾着袋に「棺《ひつぎ》用」と書いてある。

「これは、棺桶用って意味です」(まやこさん)

自分がこの世を去るときが来たとしても、「純烈と一緒にいたい!」ということで、これまで集めた厳選されたグッズをその巾着に入れているのだとか。

イチ押しのグッズは、「抽選で当たったメンバーからのラブレター」「推しとのツーショット写真」。極めつきは、まやこさんが骨折して入院したときにメンバーからもらった直筆の「お見舞いメッセージ」だ。

「いや〜、骨折してもいいことってあるんだなと思って。本当に早く治して、今すぐ会いに行きたいと思いました。純烈グッズとともに、私は天国に行きます！（笑）」（まやこさん）

この「棺桶用グッズ」は、現在も絶賛アイテム更新中なのだそうだ。

ところで、まやこさんは大好きな「ラウンド」が一時的に中止となったり、声を出しての応援が禁止になったりしたコロナ禍をどう乗りきったのだろうか。

「純烈推しマスクです。コンサートの最中も、コロナ禍ではマスクをしていなきゃいけない。だったら、マスクで応援すればいいんじゃないかと思って。ひとつのマスクを完成させるには、だいたい1時間半ぐらいかけました。新曲の歌詞に〝青い鳥〟が出てくれば、すかさずそのモチーフもマスクに入れ込みます」（まやこさん）

たとえば、ある「純烈マスク」には、純烈という文字の周りにフェルトで作った緑の小さなボンボンをつけるほどのこだわりよう。

声援の代わりに「顔面で応援」と決めたまやこさんは、さらにパワーアップ。純烈をきっかけに仲良くなった推し仲間と、こんなことを始めた。

純烈がステージで見せてくれるように、自分たちも踊って応援しようと考えたのだ。

YouTubeの画面上で、純烈の曲「純烈のハッピーバースデー」に乗せて登場したのは、昭和の時代にアイドルのバックで踊っていたスクールメイツを模した赤いトレーナーにミニスカートといういでたちのまやこさん。

「ファンのみんなで振り付けもそろえてライブの客席で踊れば、ファンも楽しいし、ステージ上から見ているメンバーもすごい喜ぶと思うので。次のライブで、これが実現できたらいいな」（まやこさん）

今まで純烈のメンバーに楽しませてもらったのだから、今度は客席から恩返しがしたい。推しへの愛を観客席から伝えるべく、まやこさんは振り付けを解説する動画をインターネット上に公開したのだ。純烈ファンが一丸となった「客席からの恩返し」は無事達成できるだろうか。

ネットで仲間と
オリジナル推しすごろく

ポルノグラフィティ推し

ゆなさん

「ポルノグラフィティ」ファンのゆなさんは、小学生のときから20年以上、彼らを推し続けている。毎回欠かさずライブに参加するのはもちろん、ライブでいつも顔を合わせる推し仲間との交流も楽しみのひとつ。

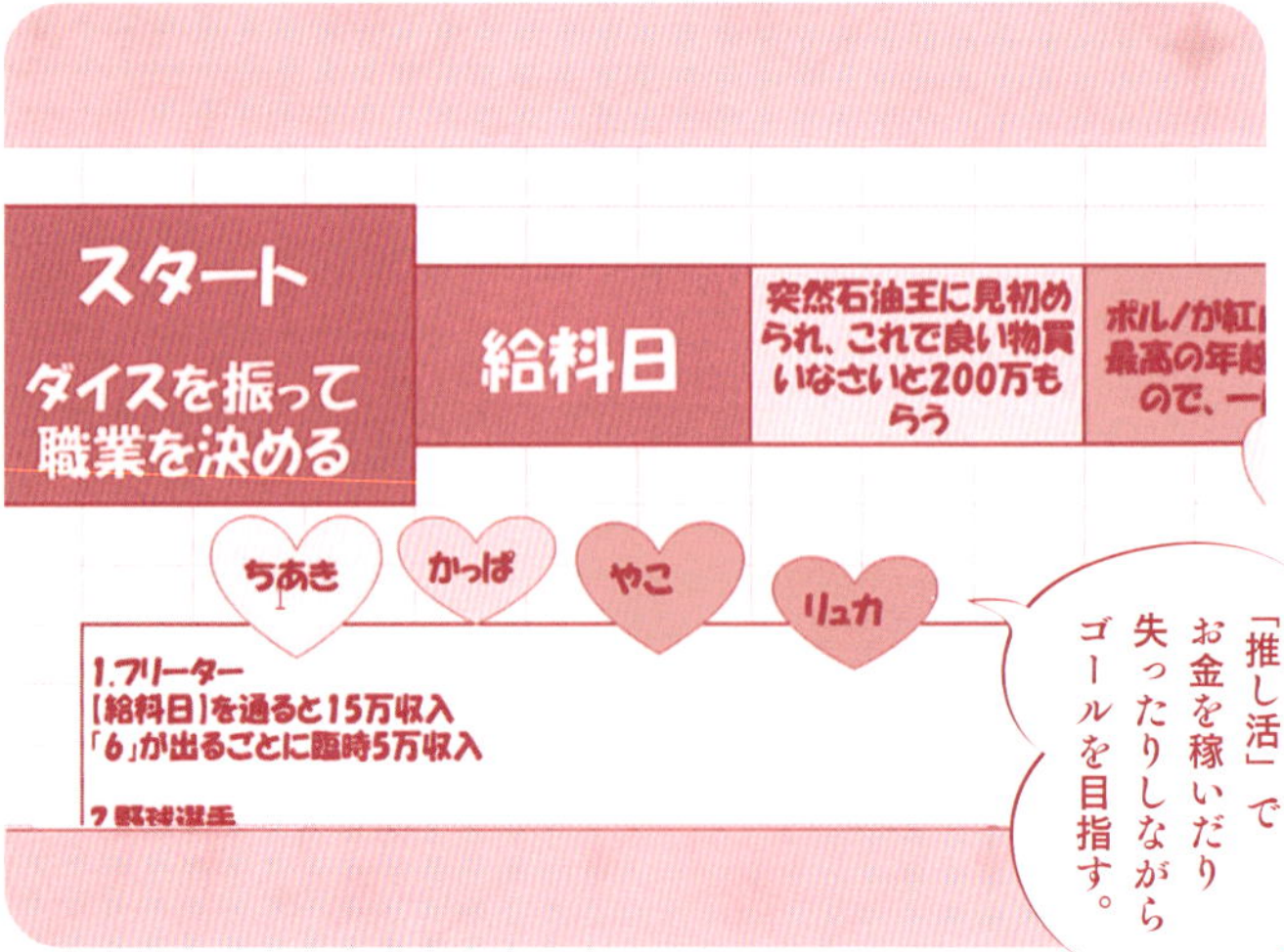
スタート
ダイスを振って職業を決める
給料日
突然石油王に見初められ、これで良い物買いなさいと200万もらう
ちあき
かっぱ
やこ
リュカ
1.フリーター
【給料日】を通ると15万収入
「6」が出るごとに臨時5万収入

「推し活」でお金を稼いだり失ったりしながらゴールを目指す。

そんなゆなさんは、推し仲間と楽しむためにあるものを作った。

「〝ポルノ推しあるあるすごろく〟、作っちゃいました！」（ゆなさん）

「ポルノグラフィティ」ファンのあるあるをたくさん集めて、すごろくを作ったというのだ。ファンは皆、住んでいる場所がバラバラ。普段は直接会うことができないので、推し仲間とオンライン上でつながれるようスマホのアプリでサイコロを振って遊べる仕様にした。

たとえば、あるすごろくのマスには、「台風でライブが中止。チケット代10万円払い戻し。気力がなくなり、1回休み」とある。

「いや〜っ、かなしい〜」（ゆなさんの推し仲間）

コメントが生々しいのにちょっと笑えるのは、ポルノファンから直接聞いた内容だから。「ポルノグラフィティ」の推し活でお金を稼いだり失ったりしながらゴールを目指す「人生ゲーム」風味のすごろくなのだ。

推し活ではほとんどのマスが出費になるはずだが、ゆなさんのすごろくではどうやって推し活の費用を賄《まかな》うのだろうか。

「推し活は出費がほとんどになるので、給料日のマスをかなり多くしました」（ゆなさん）

他のマスを見ると、「ライブ最前ドセン（最前列の中央〈ドセンター〉の席席）でポルノと目が合っちゃった。次の日有休取ってよかった。いまだに夢気分。1回休み」などというものもある。夢気分が味わえた後には、オチがある。人生はひと筋縄ではいかない。

「ほかには、『遠征先で知らないポルノファンの人とタクシーに相乗りして、タクシー代が安く済んだので3万円プラス』とか。

『ポルノのDVDを友だちに貸したら返ってこなくて、また買うことに。2万5000円なくなる』なんてマスも。初めてやったときは、あまりに盛り上がりすぎて、8人で5時間もすごろくをやっていました！」（ゆなさん）

「3が出た。1、2、3。ポルノライブで沖縄へ！　10万円使う」と誰かが言えば、すかさずファン同士で「いいね〜」の声。

ポルノファンのすごろくは、この後も大金が転がり込んだり失ったりと、さらに盛り上がるのだった。

ネットで偶然出会って救われた話
けいちゃん推し
廣安弘枝さん

変わり映えしない毎日が、推しと出会ってパーっと開けた。

今回、『あさイチ』の番組に寄せられた音楽アーティストの多くが、実にピアニストYouTuberだった。テレビにも出演しているハラミちゃんのほか、よみぃ、かてぃんなどもYouTubeで楽曲を発表しているアーティスト。

特にかてぃんこと角野《すみの》隼斗《はやと》さんは、2021年10月に開催された第18回ショパン国際ピアノコンクールで3次予選まで進出した実力派。

そんなピアニストYouTuberの中でも、「フリースタイルピアニスト」として名高いけいちゃんを推しているのが廣安弘枝さんだ。

けいちゃんの特徴は、街の中に設置されている誰でも自由に弾けるピアノを使って演奏し、動画配信しているところ。全身を使ってパフォーマンスするアグレッシブなスタイルに魅了された人も多く、YouTubeのチャンネル登録者数は、110万人超えのアーティストなのだ。

「『この人、立って弾くの?』『踊りながらこんなに弾けるの?』みたいな驚きもあって。でも本当にそのパフォーマンスのすべてが楽しそうで。『けいちゃんの魂のすべてが鍵盤《けんばん》に乗って、今、音を出していますよ』みたいな感じに見えるんですよね。弾いている音と弾いている姿がセットで、動画を見ている私の中にグッと入ってくる感じでした」(廣安さん)

立って全身でリズムを取りながら、右手だけでピアノを弾き、その場にいる観客をあおるけいちゃん。かと思うと、踊りながら両手でも弾いてみせる。

動画を見ている
私の中にグッと
入ってくる感じ。

実は、コロナ禍で長い時間を家の中で過ごす時間が増えた頃、廣安さん親子はぶつかり合っていた。息子さんは屋外で発散できないからイライラがたまる。そんな息子さんを見て、廣安さんもいつの間にか子どもに当たってしまう。そうした毎日を過ごしていた。

「長引く自粛生活で、私自身、ずっと家の中に拘束されているような気分でした。ストレスがたまって、やり場のないイライラが募る。でもコロナ禍なので、発散する場所がない。だから毎日子どもに当たってしまう。すると、子どももキレる。お互いイライラする。その繰り返しでした」（廣安さん）

そんなストレスがたまる生活の中で、廣安さんがけいちゃんに偶然出会ったのは2021年4月。息子さんが見ていたサッカー動画の横に、オススメ動画として表示されたのがきっかけだ。

なんとなく再生した動画を見て、一気に沼落ちした。

「いちばん癒やされたのが、けいちゃんが弾く『King Gnu』の『白日《はくじつ》』でした。聴いた瞬間、嫌な気持ちを忘れさせてくれたり、疲れを吹き飛ばしてくれたり。頭に重石《おもし》が載《の》っているようなズーンとしていた毎日がパーっと開ける感じがしました。変わり映えしない毎日だったのが、けいちゃんのYouTubeに出会えたことで、視界が開けていくように感じて、とってもよかったです」（廣安さん）

ぶつかり合っていた廣安さん親子はその後、どうなったのだろうか。

「息子が朝、けいちゃんの曲を鼻歌で歌いながら起きてくるのを見ると、『なんてかわいいやつなんだ』って思いますね」（廣安さん）

何をするにも、今ではけいちゃんの曲を聴くという廣安さん。その影響もあって、二人のお子さんもけいちゃんのファンになった。親子でけいちゃんという共通の推しができ、廣安さんは子どもたちと穏やかに接することができるようになったのだ。

「本当に穏やかに暮らしていくためのツールです。けいちゃんのことになると、子どもと自然と話が盛り上がる。しかも瞬間的に盛り上がるんじゃなくて、子どもとけっこう長い会話のラリーが続くんです。これはけいちゃんに出会っていなかったら、絶対になかった空間、時間だと思います」（廣安さん）

廣安さんには実現したい夢があるという。

「それはもう、けいちゃんのストリートピアノを見に行くことです。もう、それに尽きます」（廣安さん）

けいちゃんは2021年からストリートピアノだけでなく、ツアーも開始した。廣安さんは息子さんたちとけいちゃんのライブに足を運ぶことで、また新しい会話が増えるのを楽しみにしている。

共通の推しができて、長い会話のラリーが続くように。

コラム

音楽アーティスト推し あるある リモートバージョン

コロナ禍をきっかけに一気に進んだのがライブなどの配信だ。画面越しでもアーティストとファンが一体感を得られるよう試行錯誤した末、現在では、すっかり定着した感がある。

アーティスト側は世界中のファンがアクセスしてもサーバーダウンしないための工夫を凝らし、できるだけファンと気持ちが近づくようなカメラワークを駆使する。

一方、ファンの側も、時には想像も駆使しながら、さまざまな創意工夫をしていた。

ここでは、熱狂的な音楽アーティスト推しがついついやってしまう「音楽アーティスト推しあるある　リモートバージョン」を紹介しよう。

・配信ライブを見るとき、部屋を暗くしてペンライトを持ち、自宅をライブ会場のようにしがち

「推しからの貴重な供給」ともいうべき配信ライブがあるのなら、ファンも万全の態勢で生のライブの感動に近づくようにしたい。

部屋を暗くするのは当たり前。会場と同じようにペンライトを持つのも当然。拍手や歓声、コール＆レスポンスも全力で行うことで配信ライブに没入できるのだ。

・推しの動画を見続け、再生回数を増やして応援しがち

新曲のティザー、MV、ダンスプラクティスなど、推しの曲に関連する動画が次々と配信されたら、それを脳内の栄養源にすべく次々と見まくる。そして、推しの実績に直結する再生回数を増やすべく、時には家族、友だちに対しても〝布教〟しまくる。中には複数の携帯を持ち、いくつもの端末から同時に動画を見るファンも。

もちろん、ただ単に再生回数を増やしているのではない。何度も詳細に見ることで、映像の細部、あるいは裏側に隠されたストーリーなどに気づくことができる。

そうして見つけたわずかな手がかりから、「考察班」と称される濃厚なファンたちがSNSでその曲にまつわる自身の考察を開陳《かいちん》し、それをほかのファンが見て、また別の解釈を提起する。さまざまな考察合戦が始まり、ファンの間でさらに熱狂が高まっていく。

ダンスプラクティス動画については、単に振り付けを覚えるだけでなく、推しと同じ練習着をネット上で探し、推しがどれだけダンスの練習を積み重ねたかに思いを馳《は》せながら一緒に踊るという人もいた。

時間差で供給される関連動画のあれやこれやが、新たな沼を引き起こすのだ。

・ネット環境を強化しがち

世界中からアクセスされるオンライン配信。自宅の通信環境のせいで推しの姿がクリアな映像として画面に映らないのは、ファンとしては耐えがたい。

そこで、多くのファンが踏みきったのがネット環境の強化。ファン仲間の間でも、急に回線速度が速くなった人がたくさんいたのではないだろうか。

Q&A 教えて推しライフ！

「推し」に捧げる時間何してる？

「#月曜日は推しのTシャツ」「#保護者会は推しのTシャツ」というハッシュタグがあって、推しのTシャツを着て会社や学校で推しを布教する活動をしています。　（アーティスト「King Gnu」推し）

ライブやイベントを見る際には必ず小さなメモを手元に用意し、どんなことがあったか・面白かったことなどを簡単にメモしておき、その日のうちに電子データとしても保存（イベントに興奮しながら走り書きしたメモ書きは、自分でも判読が困難だったりしますので、記憶が温かいうちにスマホのメモ帳に文字起こししておくのがポイントです笑）。それを何年もたった後などに見返すと、そのときの思い出や情景がよみがえるので、幸せな気持ちになります……！　（声優　堀越せなさん推し）

Googleアースでロケ地を見ている。
（韓国の俳優　チェ・シウォンさん推し）

出演したドラマや映画に、自分の役を作り、話を展開する妄想を、寝る前にする。　（俳優　坂口健太郎さん推し）

推しの小説を考える（たまに書きます）。　（俳優　綾野剛さん推し）

推しの姿を刺繍しています。ライブ中で1番好きだったところをトレースして刺繍してワッペンにしたり、メンバーをドット絵のキャラクターにして、クロスステッチをしたりしています。
（アーティスト「Maison B」SHOYAさん推し）

雑誌やテレビで取り上げてもらったら、その雑誌や番組にお礼の手紙を書く。　（俳優　七海ひろきさん推し）

推しの舞台がないときは、寝る前に1日1推しということで、推しの好きなシーンの映像を見てから寝ています。SNSに推しが投稿する度に必ずコメントさせていただいています。塩田さんはコメントを読んだ印にイイネを押してくれるので、通知が来るのがうれしくて毎回その通知をスクショして保存しています。　（俳優　塩田康平さん推し）

Blu-rayや動画でダンスを1コマ1コマ止めながら、指先や足の角度、表情や髪のなびき方を見てお気に入りのショットを探すことです。全部お気に入りになってしまうので結局シッキンのダンスはダンスとして見るのが楽しい～！　となりますが、細かいところまで隅々観察（？）するのが趣味みたいになっています。

（パフォーマンスチーム「s**t kingz」推し）

366日分のファンからのラブレターを綴った文庫本を作った。

（アーティスト　大森靖子さん推し）

小学6年生と小学4年生の兄弟は〝すゑひろがりず〟が大好きすぎて漫才のネタを6つ覚え、親戚の集まり（ハロウィン、クリスマス、冠婚葬祭）・学校の参観日・運動会の応援合戦で披露しています。

（お笑いコンビ「すゑひろがりず」推し）

『Free！』がきっかけで鳥取県岩美町と、オーストラリアのシドニーに行きました。アニメのシーンを写真サイズにプリントアウトして持っていき、同じ角度で写真を撮っていたために、シドニーでは空港を出るまでに1時間以上かかりました。バスに乗ってビーチまで行ったり、彼らが泊まったホテルの前で写真を撮ったりしました。

（アニメ『Free！』推し）

山口祐一郎さんの役にまつわる場所を旅行して紹介サイト作っています。『オペラ座の怪人』『レ・ミゼラブル』のパリ、『モーツァルト！』『エリザベート』のザルツブルク・ウィーン、『キャッツ』『レディ・ベス』のロンドンなどなど。　（俳優　山口祐一郎さん推し）

第5章 笑顔をくれるお笑い芸人推し

♥推しの「言葉」に注目

「お笑い芸人推し」。寄せられたアンケートからは、「お笑い芸人推し」ならではの推し活事情が見えてきた。お笑いは言葉で勝負する世界ということで言葉に注目する人がとても多かったのだ。「推し独特の言葉の使い方がたまらない」という声もたくさん。

ウズベキスタン在住の「オズワルド」推しの女性は、「海外にいながら日本語の面白さに気づかせてくれる」とのこと。この方はウズベキスタンの首都タシケントで日本語教師として働いているそうで、そんな日本語教師的視点でオズワルドの漫才を見てみると、「普段使わない言葉の変な組み合わせが絶妙」だそう。「海外にいながら、日本語の面白さに改めて気づかせてくれます」とのこと。

ナオユキさん推しの50代男性からは、「『人間はかなしいからこそ、おかしい』そんなことを教えてくれます。リズムに乗せて語る口調はお笑いであり、ブルースでもあると思います！」とのこと。

❤推しのフレーズを日常で

ほかには、推しているうちに芸人さんの口癖やフレーズがうつってしまうという人も。

「おいでやすこが」さん推し40代女性は、「おいでやす小田さんの『知らんなあ！』、こがけんさんの『オーマイガー！』をふとしたときに日常生活で使ってしまう」。

内村光良《てるよし》さん推し40代女性は、「内村さんが演じる新旧のコントキャラの口癖をさりげなく会話に忍ばせて、ささやかに〝布教〟しています」と。

笑いは、嫌なことや悲しいことを忘れさせてくれる。それが推しのくれた笑いとなるとなおさらだろう。

出囃子イントロドン
最強親子
和牛推し

鬼頭真紀さん、知花さん

軽快で演技力の高い漫才が人気を集める和牛《わぎゅう》（2024年に解散）。そんな彼らにぞっこんなのが関西在住の鬼頭真紀さん。

「最初は、『え、何これ？　何の話？』って思うのに、聞いているうちに引き込まれ

ていって、おなかを抱えて笑う、もう本当にやられた！　っていう感じなんです。言葉の巧みさとか、伝え方、表情でいろんなことを表現する力っていうのは、本当に素晴らしい」（真紀さん）

和牛にハマってすぐ始めたのが、劇場通い。真紀さんのライフワークになった。

週末は必ず、多いときは1日4ステージを鑑賞していたとのこと。劇場に通ったチケットの半券は、重ねると半年分で百科事典ほどの厚さになった。

そんな真紀さんには、一緒に劇場に行く相方がいる。娘の知花さん10歳だ。真紀さんに連れられて劇場に行くうちに、娘さん自身もすっかり和牛の大ファンに。

「和牛さんの漫才はぜ～んぶ好きです」（知花さん）

知花さんの和牛愛はこんなところにも。夏休みの思い出に和牛の漫才を見たときの絵を描いたところ、なんと絵画コンクールで優秀賞にも選ばれた。

実は二人は劇場通いを続けるうちに、あるものにもハマってしまった。芸人が登場するときに使われる音楽、出囃子《でばやし》だ。

和牛の出囃子は、和牛のためにアーティストのTHE NEATBEATSが特別に書き下ろした『WAH! GYU! DE! TWIST!』。

「出囃子を聞けば、曲のどのあたりで『ど〜も〜』って出てくるかとか、その登場してくる二人の姿も、自然に脳内に映像で再生されますね」（真紀さん）

鬼頭さん親子は、和牛のみならず、出囃子が流れれば、次にどの芸人が登場するか、瞬時にわかるという技を習得した。

「アインシュタインさんの出囃子（locofrank「START」）は目覚ましにしてます」（知花さん）

出囃子がきっかけで知ったこの曲は軽快なメロディが目覚ましにピッタリ……のはずだったが、真紀さんいわく、「ぜんぜん起きません」とのこと。

10歳の知花さん、なんと昭和の名曲『恋のフーガ』も、「吉田たち」の出囃子がきっかけで歌えるように。

このように、出囃子にはさまざまな曲が使われている。ごくごく一部を紹介しよう。

・博多華丸大吉　Natural Radio Station「福岡WALKER」
・マヂカルラブリー　山本正之「このまちだいすき」
・かまいたち　RADWIMPS「イーディーピー〜飛んで火にいる夏の君〜」

ふたりは
親子であり、
劇場仲間であり、
同志でもある存在。

・銀シャリ　筋肉少女帯「日本の米」
・藤崎マーケット　ザ・マスミサイル「人のため」
・ダイアン　10-FEET「FELLOWS2」
・霜降り明星　THE BEATLES「Help!」
・アキナ　ET-KING「纏」

鬼頭さん親子は和牛を推すようになってから、会話の中に和牛のネタのフレーズを織り交ぜては盛り上がっているという。

真紀さんにとって知花さんは、「娘であり、劇場仲間、同志でもある。友だちのような時間を過ごせるのが楽しい」のだそうだ。

推しへの愛はネタ分析から オズワルド推し

あやこさん

誰かと一緒に笑い合えるのは素晴らしい。一方で、一人で推しと向き合うという人もいる。

その中で、究極の推し活にたどり着いたのは、お笑いを愛して20年のあやこさん。

今、いちばん注目している推しは、サス

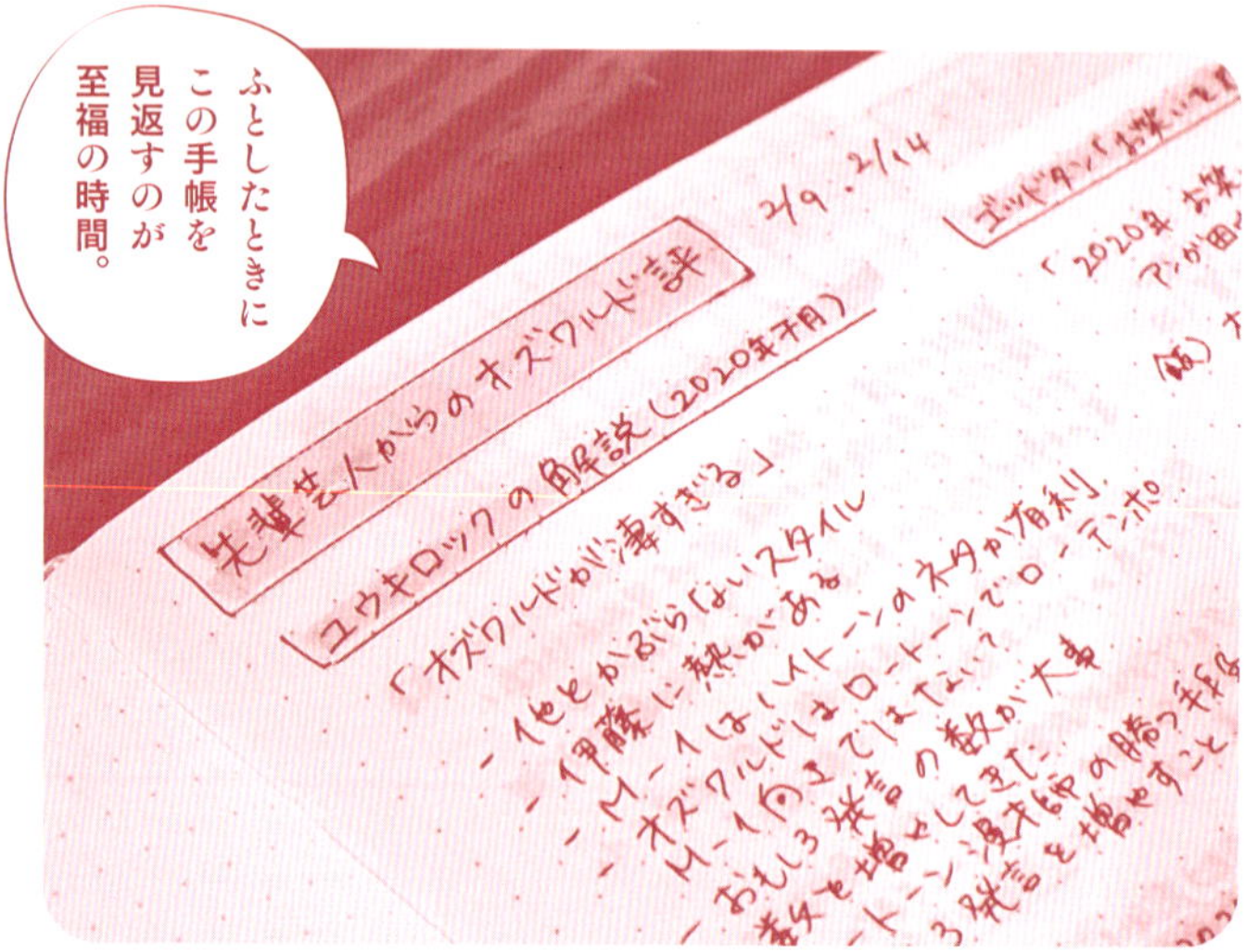
ふとしたときにこの手帳を見返すのが至福の時間。
先輩芸人からのオズワルド評
ユウキロックの解説（2020年7月）
「オズワルドが凄すぎる」

ペンダー姿が印象的な「オズワルド」だ。

独特の世界観を繰り広げるオズワルドは、２０２１年に関西の漫才コンクール「ＡＢＣお笑いグランプリ」で優勝を果たすなど人気と実力を兼ね備えたコンビである。

「畠中（悠《ゆう》）さんが醸《かも》し出すボケの不思議な世界に、予想以上のワードとテンションで伊藤（俊介《しゅんすけ》）さんが突っ込んでくれるのが、私にとっては魅力です」（あやこさん）

あやこさんがまず見せてくれたのが、肌身離さず持ち歩いているという手帳。その中には、「オズワルド」がテレビやラジオで発言した内容を手書きしたメモがぎっしり。ふとしたときに、この手帳を見返すのが至福の時間なのだとか。

さらに……。

「先輩芸人からの『オズワルド』評をノートにまとめているんですけど。これは『ユウキロック』さんと、『平成ノブシコブシ』の徳井（健太）さんのＹｏｕＴｕｂｅから要約したもので。『オズワルド』をすごく褒めてくれていたのがうれしかったあまり、全部メモしました」（あやこさん）

それだけではない。あやこさんは、「オズワルド」の漫才を見ながら、彼らのネタのセリフも余すことなく書き起こしている。

「目に見えるものが欲しかったんですよね。これを見ると、頭の中でセリフが再生されるような感じになるんです、脳内YouTubeみたいな感じで」（あやこさん）

そんなあやこさんの書き起こしには、独自の流儀がある。

その1、セリフは忠実に再現。たとえば「えー、お世話になってます」の、「えー」など、彼らの口調そのものを書き起こす。

その2、1枚の紙に収める。こうすると、俯瞰《ふかん》してネタを見ることができるのだという。

あやこさんは、テレビから公式のホームページまですべてのネタをくまなくチェックし、約30本近いネタを一言一句漏《も》らさず、完璧に仕上げている。

文字でネタを見ることで、映像だけではわからなかった新しい発見があるという。

たとえば、同じ「ダイエットの方法」をテーマにしたふたつのネタ。ボケの畠中さんが今の体重を語り出す導入部分は一緒だが、その後の展開が異なる。つまり、出口は違うということを発見したのだそう。

「同じテーマなんですけど、出口が違うので印象としてはまったく違うあの2本のネタになるんだな、とわかりました。設計図じゃないですけど、解剖して見てみるみた

いな感じで面白いんですよ」（あやこさん）

そんなあやこさんがたどり着いた究極の推し活。それは、自分で楽しむためにオズワルドのオリジナルデータベースを作ってしまったことだ。

オズワルドのメディアの出演情報に舞台の予定などなど、月ごとに管理。一見、オズワルドの公式ページのように見えるが、あやこさんがすべて手入力で作っている。

たとえば、公式ページでオズワルドが立つ舞台の日程が判明したら、自分のデータベースのライブスケジュールの項目を開き、そこに「公演のタイトル、日時、チケットの価格、場所」をひとつずつ入力していく。

「私にとっては、秘密基地。それこそ誰にも見せないし、自分だけのものだし、これがどんどん増えていって、基地を充実させていくのが楽しみ。応援しているオズワルドさんの夢がかなっていっているところが目に見えてわかるので、それがうれしいですね」（あやこさん）

今後は、コンビ二人の生い立ちも作成しようとしているそうだ。このページを見るたびに、オズワルドの成長も感じられのだという。

コラム

赤嶺総理に聞く 目指せ！ ラジオ投稿マスター

お笑い芸人の推し活では、ネタを受け身で楽しむだけでなく、推しのラジオ番組に投稿するという声がたくさん寄せられた。だが、さすがお笑い芸人を推している人たち、投稿者のレベルが高く、採用されるのは至難の業のようだ。そこで、投稿の達人、赤嶺《あかみね》総理に、読まれるラジオ投稿のコツを聞いてみた。

赤嶺総理はお笑い芸人でもあり、14歳で大喜利投稿を始め、今も大喜利を活動の主とする元ハガキ職人。ラジオや雑誌の投稿企画で採用されたネタは数知れず。

スタッフさんにも気遣いを

まず、ネタを投稿する際は、「そのまま印刷してすぐMCが読める状態にしておく」ということが大前提だ。

具体的には、「改行も意識して読みやすくする」「読みにくい漢字は使わない」などなど。つまり、言い換えると、「パーソナリティの芸人さんだけでなく、番組スタッフさんにも気遣う」ことが大切なのだ。

また、以前はハガキでの投稿がメインだったが、今はメールが主流。メールの場合は書ける文字数に制限がないので、つい長くなりがち。だが、長いものはどれだけ面白くても、なかなか読まれづらい。あふれる思いをぐっとこらえて極力コンパクトにすることを心がけよう。

ラジオネームもこだわりたい。変わった名前にしなければならないわけではないが、音やリズムが面白かったり、読み心地のいいものは印象に残りやすい。

では、いよいよ赤嶺総理直伝の「採用される投稿の極意」をご紹介。

・その1　コーナー歴が浅いものを狙おう

ラジオ投稿の基本として、他の投稿とネタが被った場合は、読まれにくいというものがある。その点、長く続いているコーナーよりも、まだ歴史の浅い、始まって間もないコーナーなら、投稿の数が少ない状態なので、被りを防げる。また、コーナー初期は「こういう感じですよ」という方向性を定めるために、主旨に沿った基礎的なネタが多く採用されるので、初心者でも採用される確率が高いと思われる。

・その2　季節を取り入れよう

季節ネタを入れることで、今読む必要性を高めることができる。たとえば、季節が秋なら運動会やハロウィンなど、秋らしさを意識して考えてみよう。

「ネタの賞味期限」を設定しておくことで、今日の放送で読まなくてはという気持ちにさせるのだ。

・その3　五感を刺激してみよう

五感のどれかひとつを強く刺激されるネタが共感を生みやすい。嗅覚だったら、「スーパーに入ったときに、入り口にやきいもが売っていて、帰りに買って帰ろうって思ってて、結局忘れちゃう」みたいな。

「日常のあるある」を見つけること

季節も五感も、五感を刺激するネタもすべて「日常のあるある」を見つけることが採用されやすいポイントだ。そのために日頃から気づいたことを記録しておくのがオススメ。

たとえば、赤嶺総理のネタのメモのいちばん上に書いてあるのは「しゃっくりの止め方を教えるときの過剰な自信」。ほかには「あとひと駅で降りるので会話を浅くしていく」などなど。

こういった、「自分がついやっちゃってるな」というものをメモしておくと、投稿を考える際のパーツになるのだ。

ラジオは憧れの人に言葉が届いたと実感できる可能性を持ったメディアだ。

たとえなかなか採用されなくても、投稿するということは、番組作りに参加したということ。

赤嶺総理直伝の極意を踏まえて、ぜひ投稿での「推し活」にチャレンジしてみてはいかがだろうか。

教えて推しライフ 4

心理カウンセラー浮世満理子が語る

推しが欲しいあなたへ
“推し”の見つけ方

♥自分の定番を崩してみる

心も体も元気にさせ、私たちの人生を豊かにしてくれる推し活。推し活のメリットはわかるけれど、でもどうやって推しを作ったらいいのかわからないと悩んでいる人もいるようです。

推しを見つけたいのだったら、今の自分のライフスタイルをちょっと崩してみることが大事だと思います。ある程度の年齢になってくると、自分の好みや活動テリトリーが決まっていることが多いですよね。たとえば、ショッピングに出かけても、服を買うならこのお店と決めていて、新しいお店を見つけても「まあいいか」とチラ見で通りすぎてしまうなど。ここは入るけどこの店には絶対に入らないとか、映画や舞台やコンサートも、このジャンルのもの以外は絶対に見ないなど、こだわりも強くなってきます。

それは、自らの可能性を狭《せば》めている、自分の居心地のいいところで生活を完結させているということです。そうなってしまうと新しい出会いって意外とないのです。

自分から行動範囲を広げられるといいのですが、今までそれができなかった人には、なかなか難しいですね。そういう人は、友だちや周囲の人に、「面白そうなものがあったらなるべく誘って」と声をかけておくのがオススメです。自分にはぜんぜん合わなかったと思うこともあるかもしれませんが、意外とハマりやすいものもあったりします。

推し活にハマっている人の話を聞くのもいいですね。人がイキイキしながら、「こんなところがこんなにいいんだよ!」と話してくれる内容は魅力的に聞こえます。その人がおすすめしてくれた作品を見たり、推し活に一緒に連れていってでもらったりすると、新しい世界が見つかるかもしれません。

私が香港映画にハマったのも、弟に誘われて一緒に映画を見たことがきっかけです。香港映画は私にはなぜか中毒性があったようで、結局、誘ってくれた弟よりハマってしまいました。

知らないジャンルであっても偏見や先入観を持たずに試してみれば、自然と行動範囲を広げられるものです。

推し作りに戸惑いを感じているのは、30代から50代前後の人たちが多いと思います。この年代の人は、若い人のように推しへの情熱が保てないのではないかと感じているのではないでしょうか。最初から情熱的な推し活をしている人はごくわずかです。ほとんどの人は、「ちょっといいかも」といった軽い気持ちからファンになっていくものです。

♥推しに貴賤なし！

私が活動している中高生のサポート校では、ごくまれに好きなものはないと答える子もいます。同年代の子のように音楽やアニメ、アイドルに興味が持てないから、特別好きなものも推しもいないというのです。でもよくよく話を聞くと、サッカーが好きで応援しているチームもあるといったことがわかったりします。それって「推し」ですよね。大人であればわかりますが、子どもの場合、「推し」とはアイドルやミュージシャンなど多くの人に人気のあるものしか認められないと思っているところがあります。

「推しに貴賤《きせん》なし」です。どんな推しでも尊いのです。

サッカーが好きだと言った子は、サッカーの試合中に得られる一体感が好きだと熱く語ってくれました。それがその子の個性です。

今は、自分の考えや感情を深めていくことが難しい時代なのかもしれません。ネットで検索して理解したつもりになり、深めていく作業ができない人が多いように感じます。自動的に流れてきたバズり動画だけを見たり、レストランや映画を選ぶときも評価サイトの星の数で選んだり。コスパだけを気にして失敗を恐れていると、ストレス耐性もつかず、人生がなんだか薄っぺらになってしまう気がします。

星の数ではなく、自分の感性が大事です。自分が気になる俳優さんの映画があれば、評価など気にせず見に行けばいいのです。情報なしでどんどん行ってみるのがすごくいいことだと思います。一般的には悪い評価でも最後まで見てどう思うか。仮に失敗してもそれが経験です。推し活は人生の経験値も上げてくれます。人の評価を気にする必要はありません。「そんな人を推してるの？」などという周囲の声も聞く必要はありません。

推しは、私たちが持てる最後の「聖なる欲望」だと思います。どんな推しも、好きだから好きという「純粋な欲望」です。

Q&A 教えて推しライフ！

こんな「推し方」変ですか？

万が一道でばったり会えたときのために渡す用の手紙を持ち歩いている。レターセットと切手はオリジナルで作りました。

（俳優　石田隼さん推し）


自分が女優になったら……を妄想。彼の主演作でデビューして、紆余曲折ある芸能界でつまずく度に彼から厳しくも優しいアドバイスを貰い奮起して頑張り、果てはハリウッドデビューするも、彼が困った時には誰よりも早く駆けつけ、彼のいちばん近くにいる女優である事を夢見てます。

（俳優　中村倫也さん推し）


祭壇をつくって毎日話しかけながらコーヒーを飲む。

（俳優　北村諒さん推し）


推しの等身大パネルを作り、部屋に置くことで常に推しに見られている感覚になり、だらしない生活を少し改善することができました。

（タイの俳優　ジュニアさん推し）


相手役になったつもりで、時々歌う。　（俳優　田代隆秀さん推し）

民生さんの出身地の広島県に結構詳しくなりました。広島カープファンにもなりました。「それ行けカープ」ももちろん歌えます。

（アーティスト　奥田民生さん推し）


推しが舞台で着ていたのと同じパジャマのLLサイズを買って、彼（=推し）に借りたパジャマだと思って毎晩寝ています。

（俳優　図師光博さん推し）

ヨガをしているときに隣で山崎育三郎さんが楽譜を読みながら鼻歌を歌っていることを妄想しながら瞑想すると、より深く気持ちの良い瞑想状態に入れます。（俳優　山崎育三郎さん推し）

仕事場や電車で会ったときにいかにスマートに対応できるかシミュレーションしています。「ファンです！」と言うと困ってしまうと思うので……。ぜんぜん気にしてませんよ、どうぞオフの姿で過ごしてください、という雰囲気を出せるように妄想しています。が、たぶん目の前に現れたら呼吸が止まると思います。（俳優　高野洸さん推し）

写真集やCDの開封、DVDの鑑賞時など、家で作品に触れる前にはお風呂に入って身体を清めています。（俳優　加藤和樹さん推し）

推しの身長と同じ高さの冷蔵庫にピタッと寄り添い、幸せを感じる。一日のうちでキッチンに立っている時間がけっこうあるので、誰にも悟られずに幸せな時間を過ごせる。（俳優　町田啓太さん推し）

握手会に行くことができたときのために握手会の練習をしています。（俳優　上白石萌音さん推し）

勉強のモチベーションを上げるために、学校にブロマイドとアクスタを常に持って行っています。（俳優　山本一慶さん推し）

推しがマメに料理や掃除をする人なので、わたしもそういう丁寧な暮らしをするようになりました。推しが10月に「年末の大掃除始めた！」と言うからわたしも10月に始めて念入りに大掃除しています。（俳優　武子直輝さん推し）

初詣のお祈りで「推しが今年も怪我や病気などされず楽しくご活躍されますように」という項目が増えました。（俳優　久保田秀敏さん推し）

愛は海を越えてアジア俳優推し

第6章

♥アジア俳優大集合

タイ、韓国、中国、香港、台湾、インド、インドネシア、マレーシア、シンガポール、ベトナム、フィリピンなどなど、ネットを通じて日本以外の国の作品にも気軽に触れやすくなったため、これまであまり知らなかった国や地域の俳優に沼落ちする人が続出している。

推しを通して、推しのみならず、その国の文化にもハマる人も。

そんな、アジア俳優推しならではの「あるある」をまとめてみた。

♥推しの国の言語学びがち

いちばん多いのは、やはり言葉。

フィリピンの俳優J・C・アルカンタラさん推しの20代女性は、「推しの母国語で話したくて、タガログ語を勉強し始めました。今ではバイト先でフィリピンの方と少しなら会話ができるようになりました」とのこと。

♥推しの記念日に徳を積みがち

徳を積むという考え方は、特にアジア圏に多くみられる文化かもしれない。

台湾の俳優ホアン・ジュンジーさん推しの40代女性は、「『お金を使うならプレゼントではなく寄付などに使ってほしい』という推しの考えに賛同。動物保護や海洋環境保護のための寄付活動に参加しています」とのこと。

♥推しの国の文化に価値観を染められがち

推しの国の価値観に影響されるという声もたくさんあった。

タイの俳優プラチャヤー・レァーンロードさん推しの50代女性は「推しが出家したんです。頭髪も眉毛も剃って、ツルツルになった。タイでは徳を積んだ人は来世ではより良い人生を送れると考えられていて、徳を積むために出家することが多いそう。ですが推しは1週間で還俗《げんぞく》。つまり俗人に戻ってきました。知らない文化で興味深いです」とのこと。

推しはいろいろな学びのきっかけになっているのだ。

推し活リアルVOICE

ファンアートで愛を叫ぶ
韓国俳優 パク・ソジュンさん推し

PECOさん

推し活をしていたら、いつしか自分も推されるように。

日本でも大ヒットした韓国ドラマ『梨泰《イテ》院《ウォン》クラス』、その主役を演じたパク・ソジュンさんは、サラサラの前髪に優しい笑顔、その愛くるしさにハマってしまう人が続出している。

その魅力にとりつかれた一人がPECOさん。PECOさんの推し活は、ソジュンさんの絵を描くこと。2年前に突然思い立ち、そのときに初めて筆を取ったというPECOさん。

その実力は急成長。鉛筆で細かく再現された絵は、ソジュンさんの遠くを見つめるまなざしや繊細な表情を見事にとらえている。

これまでに書いた絵はなんと200枚！費やした時間は実に1200時間以上！3日に1枚のペースで描いているとのこと。

「似ていることよりもかっこよさを優先させたい。とにかくかっこよく描きたいっていうのはいちばん大きくて。その上でソジ

ュンさんのすてきなところとか、魅力を引き出したい」（PECOさん）

PECOさんの絵はすべて独学。まずHから9Bまでそろえた鉛筆で、質感の違いをきめ細かく描き分けていく。コツは、よく観察することだという。

目を描くときに使うのはアイシャドウに使うチップだ。

「お化粧のときと同じ感覚で、ぼかしたいときにも薄っすら描きたいときにも使ったりします」（PECOさん）

まぶたの陰影や鼻筋もこのチップで際立

たせていく。そしてポイントは澄んだ瞳。そして完成。

ねり消しゴムで目に輝きを宿らせる。そし

ソジュンさんへの愛を誰かと分かち合いたいと思ったPECOさんは、SNSで作品を公開した。すると、絵に共感してくれたフォロワーが1000人を超えたのだ。

そして、なんとファンレターも届くようになり、ソジュンさんを推していたら、いつしかPECOさんも推されるように。

「自分でも恥ずかしいんですけど、でも本当に、本当に励みになります」（PECOさん）

韓国など、国境を越えてたくさんの友人もできた。韓国の推し友だちとはオンラインで会話するのだという。お互いに言葉はわからないけれど、ひとたび絵を見せれば気持ちは通じ合える。

「彼を好きになったことがきっかけで、すてきな出会いがたくさんあって、趣味以上のものを目覚めさせてくれたというか。今の私の楽しみのすべてがソジュンさんにつながっているなと思って」（PECOさん）

推しをきっかけに温かいつながりが国を越えて生まれていた。

推しの国も愛し始めて価値観一変

インド俳優プラバースさん推し

恵美子さん

こちらは、広い世界の中で推しと出会って、新しい自分にも出会ったというお話。

恵美子さんの推しは、インド映画『バーフバリ』シリーズで主人公を演じたインドのスター俳優プラバースさん。すでに『バ

ナーヌ　ニンヌ
プレミストゥンナーヌ
（私はあなたを
愛しています）。
నేను నిన్ను
ప్రేమిస్తున్నాను
ప్రభాస్

ーフバリ 王の凱旋』を100回以上も見ているという恵美子さんだが、それでも初めて見たときの衝撃は忘れられないという。

「映画の冒頭で彼が出てきて、象の上に乗って弓を引くんですけど。その姿のあまりの美しさに、もう雷にドーンと打たれた感じになって、うわあああ！　って。もうそこからは記憶があまりないんです」（恵美子さん）

もともと歌舞伎が好きだったという恵美子さんだが、この矢に心もろとも射抜かれてしまったそうだ。

「アクションがとにかくきれいなんです。重心を落とすとか、体幹がブレないとか、指の先や、足の先の形まで決まっている。それが歌舞伎の『見得』に通じるところがあるなと思って、もうそこでノックアウトです」（恵美子さん）

それまでインドにはほとんど興味がなかったという恵美子さん。しかし、映画を見た4か月後にはインドへ行っていた。推しの国自体にハマったのだ。

それ以来、なんと普段着はすべて民族衣装のクルタに替え、食事も週に2度以上はインド料理。スパイスも10種類以上そろえた。

もちろん言葉も勉強中。推しに出会えたときに伝える言葉はすでに決めている。

「ナーヌ　ニンヌ　プレミストゥンナーヌ（テルグ語で、私はあなたを愛しています）」（恵美子さん）

そして、推しのことを深く理解しなければと思って始めたのが、推しの国の生活習慣から宗教まで、あらゆることを学ぶことだった。

「インタビューなどを見聞きし、なぜ彼がそういう考え方に至ったのか、その役作りをしているのかなど、きっと宗教観だったり、育ってきた環境だったり、いろいろあると思うので、学ぶことで、そうしたことの理解につながっていけばと」（恵美子さん）

プラバースさんの誕生日は10月23日。日本は時差の関係で、インドよりも3時間半前に誕生日が訪れる。そこで、恵美子さんたちファンが毎年行っているのが、まず日本からお祝いのメッセージを発信して、世界中でリレーをしようというもの。

日付が変わると同時に、恵美子さんは世界共通のお祝いハッシュタグをつけてメッセージをネットに投稿。同じ日本のファンからの投稿も続々と続く。

「世界規模でプラバースさんを応援しているので、その先頭が切れるっていうのは、ちょっとうれしいですね」（恵美子さん）

その後は、推し仲間を招いてのプラバースさんの誕生日パーティ。この時は、コロナ禍で大人数のファンで集えないため、小規模で開催した。部屋にほぼ等身大のプラバースさんのパネルを飾り、インドスタイルを模して誕生日を盛り上げる。推しに花輪をかけ、食べ物を分け与え、お祈りを捧《ささ》げるのだ。

最後は映画『バーフバリ 王の凱旋』の上映。映画のクライマックスでは色とりどりの紙吹雪を大量に撒く。舞い散る紙吹雪、鳴り響くクラッカー、これがインド式の映画鑑賞方法なのだ。さらに、映画のシーンに合わせて恵美子さんは太鼓、推し友だちはタンバリンを鳴らして参加する。

「プラバースさんに出会うべくして出会ったと思っています。彼の名前には輝きとか、導くみたいな意味もあるんですけど、そのとおり、我々の光です」（恵美子さん）

恵美子さんの輝く推しライフだ。

Q&A 教えて推しライフ！

「推し」がきっかけで新しく始めたこと

推しをPCで思い通りに動かしたくて、やったことのないモデリングを始めました。　（マンガ『僕のヒーローアカデミア』エンデヴァー推し）

彼の美しい所作を見習い、子どもの頃に習いたかったのに習わせてもらえなかったバレエを40歳を超えて始めました。姿勢がよくなって、筋力維持に効果期待！　（俳優　三浦宏規さん推し）

映画の話を楽しそうにされるのを見て、出演映画はもちろん、ほかの映画も映画館で見るようになりました。　（俳優　長谷川博己さん推し）

眞島さんを大画面で見たくて、大画面テレビを購入。機械音痴なのに一人でテレビの配線をつないだ。　（俳優　眞島秀和さん推し）

やめてから約30年たったエレクトーンを再開しました！　さとっちゃんのピアノに憧れて、ヒゲダンの音楽に引き込まれて、聴くだけではなく楽譜を見て音符を追いかけたくなりました。昔は練習もレッスン日も憂鬱だったエレクトーンが、今ではいちばんの楽しみです。思う存分エレクトーンを弾きたいから「早く週末来ないかなぁ！」と思うくらい。さとっちゃんとヒゲダンから「音を楽しむ＝音楽」を改めて教えてもらいました。　（アーティスト「Official髭男dism」藤原聡さん推し）

どうしても隣に並びたいと思い、バーチャルYouTuberを始めました。自分がペラペラになることでペラペラの推しと並ぶことが叶いました！　（ゲーム『刀剣乱舞』の骨喰藤四郎推し）

見た目に気を遣うようになりました。今の推しに出会うまでは、美容とか身だしなみを整えるとか、老化に抗うとか「なんの意味が……？」と思っていました。　（声優　梅原裕一郎さん推し）

毎日四股をやっています。四股って思ってたよりもすごく難しい！　股関節やお尻、太ももの裏の筋肉に効きます！
（大相撲力士　大栄翔勇人さん推し）

生まれて初めてファンクラブに入会しました。
（韓国のアーティスト「BTS」Vさん推し）

推しの大河ドラマ出演をきっかけに歴史の教員免許を取得しました。
（俳優　山本耕史さん推し）

推しが病気療養したときに、直接の役に立たないとはわかっていても、骨髄バンクのドナー登録をしたり、献血に行ったりしました。
（アーティスト「TM NETWORK」宇都宮隆さん推し）

長時間の観劇に耐えうる腰、遠征する体力等をつけるために、週1回ピラティスを始め、機会があれば歩くことにしている。医療介護の現場で働き、腰痛持ちだったが、運動する機会が増えたことで、腰痛が軽減。
（俳優　浦井健治さん推し）

推しが普段和装で過ごしているので、自分でも着られるようになりたいと着付けをならいました。
（ゲーム「うたの☆プリンスさまっ♪」聖川真斗推し）

推しに出会うまでは「予定が詰まっちゃうとキツイ」と思っていたのですが、推しがあまりにも頑張り屋さんで、推しからの元気パワーを原動力に私もめちゃくちゃ活動的になりました！
（俳優、歌手　横山だいすけさん推し）

試合中は写真を撮ることができるので、選手の写真を撮りたい！　という思いが募り、一眼レフカメラと超望遠レンズを購入しました。毎試合500〜1000枚の写真を撮っています。一眼レフカメラを購入したことで、カメラに興味を持ち、広角レンズや単焦点レンズなども買い集め、風景を撮ることも多くなりました。　（サッカー選手　倉田秋さん推し）

第7章 憧れのステージ 舞台俳優推し

♥舞台は1回1回が一期《いち》期《ご》一《いち》会《え》

響き渡る歌声、全身を使った迫力の演技、圧倒的なダンス、そんな舞台俳優の魅力にハマっている人たちがいる。

ひと口に舞台といっても、さまざまなジャンルがある。ストレートプレイと呼ばれるセリフ劇から、正統派の古典的ミュージカル、マンガやアニメを原作とした2・5次元の舞台。大衆芸能や小劇場などなど。

それらに共通するのは、生のパフォーマンスだということだ。

お笑い芸人だが、舞台の出演経験も多い博多《はかた》華丸《はなまる》さんを推す40代女性は、「博多座の千

秋楽で一瞬見せた涙に心を奪われました。〝舞台は1回1回が一期一会〟という華丸さんの言葉に従い、人生をかけて見るべく通い続けています」。

荒牧慶彦《あらまきよしひこ》さん推しの40代女性は、「大好きなゲームの激推しキャラを完璧に演じていたのが彼です。現実に会えることはないと思っていたキャラが歌って踊ってしゃべって戦う姿をこの目で見ることができて、衝撃的でした。推しは夢をかなえてくれた人です」と、2・5次元の舞台の魅力を語る。

劇団「章劇《しょうげき》」の澤村蓮《さわむられん》さん推し30代女性の「どんな地域でも毎月最低5回は見に行きます。電車だけでは行きにくい地方公演もあるため、どんな場所でもあらゆる交通機関を調べて、スムーズに向かう能力が鍛えられました」というのも生の舞台ならではだろう。

❤推し劇場ランキング

推しを輝かせるには、その舞台が欠かせない。ということで、寄せられたアンケートを集計して推し劇場をランキングにしてみた。

あなたの推し劇場はランキングに入っているだろうか。

1位　宝塚大劇場　兵庫
2位　帝国劇場　東京
3位　日生劇場　東京
4位　天王洲 銀河劇場　東京
5位　梅田芸術劇場　大阪
6位　博多座　福岡
7位　東京宝塚劇場　東京
8位　シアタークリエ　東京
9位　ＩＨＩステージアラウンド東京　東京
10位　明治座　東京

音響の良さ、客席の座りやすさ、座席配置の見やすさなどに加え、劇場の立地の良さを挙げる声もあった。

第９位のＩＨＩステージアラウンド東京は、客席が３６０度回転するユニークな円形劇場だったが、２０２４年に閉館した。

第２位の帝国劇場も２０２５年をもって休館し、建て替えられる。惜しむ声も多いが、帝国劇場の開設は1911年で、今の劇場は1966年に竣工した2代目の劇場だ。劇場も新陳代謝を繰り返し、俳優たちの渾身《こんしん》のパフォーマンスを支え続けていくのだ。

朝から晩まで家族で推し活！

明日海りおさん推し

小松和泉さん、未子さん、小雪さん

元宝塚歌劇団花組トップスターの明日海《あすみ》りおさん。2019年に宝塚を退団後も大活躍。数多くの舞台で主演を務める、歌唱、ダンス、演技、すべてそろった人気俳優だ。

その明日海りおさんの歌を、いつも誰かが歌っているという小松さん一家。

「色っぽさ、ツヤっぽさがすてきだなと思いました。あと、やっぱりダンスの所作の美しさと歌声の良さにいちばん惹かれましたね」（和泉さん）

お母さんの和泉さんに家の中を案内していただくと……。

長女の未子さんの部屋、次女の小雪さんの部屋、どちらにも壁一面に明日海りおさんの写真が。

机の上にも写真集や出演した舞台のプログラムがずらり。この机、もともとは勉強机だということなのだが、「ここでは勉強ができませんね」と和泉さん。

「だって、勉強のために椅子に座っても、1枚写真を見るのに、30分くらいかかるから、明日海さんを見てるだけで、もう1日じゃ足りないぐらい時間がかかる」（長女・未子さん）

勉強部屋は推し部屋に変わってしまったが、家族にとっても、ここは日々の疲れを癒やしてくれるオアシスなのだとか。

とにかく明日海さんがいないと始まらない小松さん一家。

朝、声をかけてもちっとも起きない子どもたちに……。

「おーい（歌い出す）。♪極上の美〜ほほえみの中に〜。チャラーチャャッチャャッチャ！　はい、その続きは？」（和泉さん）

「（寝ぼけながら）♪霧の森の奥深く（小雪さん）

「♪奥深く〜（でユニゾン）」（未子さん）

明日海さんが出演した『ポーの一族』の歌を歌えば目覚めはバッチリ。目覚めは明日海さんとともに。名づけて「ミュージカル起床法」。

歌を聴くと脳内再生が始まるので、目がパッチリしてきて、「寝てる場合じゃなくなる」のだとか。

小松さんご一家、そもそもは母の和泉さんが明日海さん推しだったが、その影響で次女の小雪さんも大好きに。

二人がハマったのは、明日海さんが宝塚歌劇団時代に出演した『ベルサイユのばら』だ。

「明日海りおさんのオスカルはとても美しかったです。衛兵隊の時はりりしくて、男より男でいようとするオスカルが、アンドレの前で乙女になってしまう」（小雪さん）

「そこがたまらん」（和泉さん）

母と妹二人のすさまじいまでの推しぶりに、最初はちょっと距離を置いていた未子さんも……。

「私も気づいたら、スマホの写真フォルダが明日海りおさんの写真ばっかりになっていて。知らぬ間に、どんどん沼にハマりましたね」（末子さん）

末子さんは家族の中ではスロースタートだったが、独自の推し活として舞台のミニチュア作りを始めた。「銀橋《ぎんきょう》」と呼ばれるオーケストラピットと客席の間の張り出し舞台も忠実に再現。さらにスイッチを入れると、明日海さんを好きな気持ちを表したハートマークが出現するという仕掛け。

実は末子さん、この作品を美術大学の入学試験に提出し、見事に合格。大学で本格的に舞台美術を学ぶことに。

「いつかは、明日海さんが立たれる舞台の美術を担当したい。頑張ります！」（末子さん）

母の和泉さんは、「『これがやりたい』って子どもが思えるものが見つかるのは、親としてはとてもうれしいですよね」と。

推しが家族の絆となり、推し活でハッピーになった小松さん一家。

今日もまた明日海さんの歌が家の中で聞こえ始めた。

劇団四季とともに歩んだ39年

劇団四季推し

永井恭子さん

愛知県に住む永井恭子さんは、推し劇団とともに人生を歩んできたという。彼女の推しは劇団四季《しき》だ。

年間の総公演数は3000回以上、誰もがその名を知る劇団四季は、創設から70年を超える歴史を誇る劇団だ。

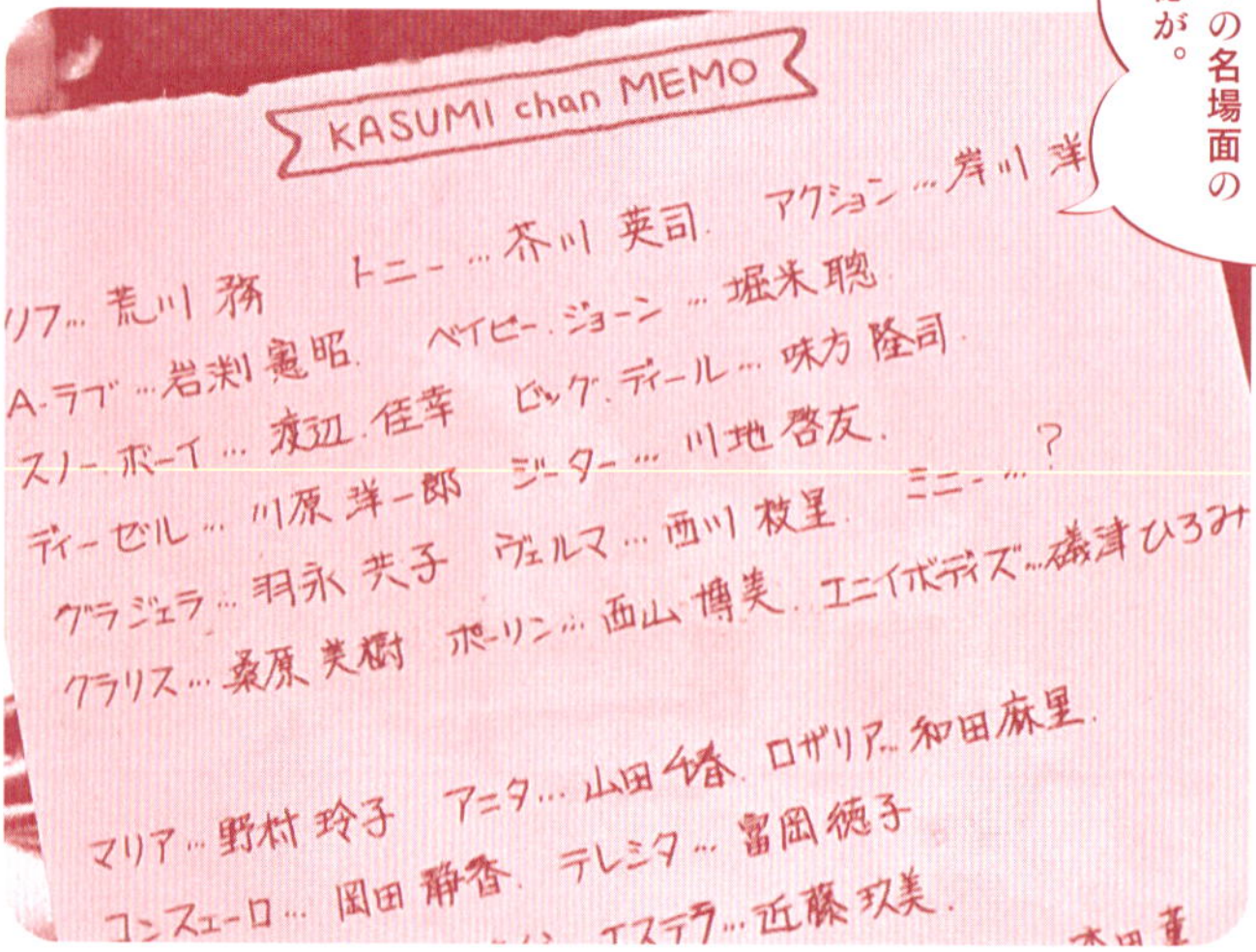
記録とともに、頭の中には数々の名場面の記憶が。

「力の源ですね。見ることで、本当に元気をもらい、頑張ろうという気力をもらい、感動をもらい、わんわん泣き……。本当にいろんなエネルギーをもらえていると思います」（永井さん）

劇団を丸ごと推す永井さんには特別な楽しみ方がある。

「このキャスト表を眺めてるだけで幸せです。ずっと見ていたい」（永井さん）

誰がどの役を演じるのかが描かれたキャスト表を見て、実際の舞台を妄想するのだとか。推し歴は39年、これまで見た公演数は数えきれないという永井さん。

頭の中には数々の名場面の記憶が残っており、その記録も大切に保存している。

たとえば、１９９０年の『オペラ座の怪人』の12月23日（日）の出演者。

オペラ座の怪人　山口祐一郎
クリスティーヌ・ダーエ　鈴木京子
ラウル・シャニュイ子爵　佐野正幸
カルロッタ・ジュディチェルリ　河合和代
メグ・ジリー　青山弥生
マダム・ジリー　西島美子
ムッシュー・アンドレ　沢木順
ムッシュー・フィルマン　山本隆則

ウバルド・ビアンジ　石井健三
ジョセフ・ブケー　水島弘
ムッシュー・ルフェーブル　井関一
ムッシュー・レイエ　深見正博
競売人　井関一

改めて見返すと、錚々《そうそう》たるメンバーの名前が並んでいる。

永井さんが劇団四季に出会ったのは、小学6年生のとき。学校行事で見に行った『魔法をすてたマジョリン』だった。魔女のマジョリンと人間たちの交流を描いた劇団四季オリジナルミュージカルだ。

「もうすっかりその作品に引き込まれて、大好きになりました。そのときに、劇場でもらったふたつ開きぐらいの楽譜の載ったパンフレットを見ながら、家でずっと歌ってましたね」（永井さん）

劇団四季への憧れから、高校では演劇部へ。高校3年生からはクラシックバレエを始め、現在も続けている。

社会人になった今は、劇場に行くことを最優先に日々のスケジュールを決めている。たとえば、過去『オペラ座の怪人』名古屋公演は20回以上、ここ数年では『CATS』名古屋公演も20回は見ている。加えて静岡公演や広島公演にも遠征する。

永井さんには、何度も同じ作品を見てい

るからこそのこだわりがあるという。名づけて「推し席」。

たとえば、『ライオンキング』では、1階下手《しもて》の前方がお気に入り。

「『ライオンキング』では舞台の上手と下手にパーカッションの席があるので、舞台の進行に合わせてパーカッショニストの方たちが演奏されているのが見えて楽しいんです。私は特にゾウの登場とパーカッションが同時に楽しめる下手がお気に入りです」（永井さん）

『オペラ座の怪人』の推し席は、1階真ん中よりやや前。その理由は見どころである、あるシーン。

「シャンデリアが落ちてくる様子を下から見られる位置なので。まるで自分に落ちてきているような気がするので、そういうのを楽しんでます」（永井さん）

推し続けているからこその喜びが、そこにはあった。

得意な裁縫で推しを支えたい
三咲大樹さん推し
厚木仁美さん

大衆演劇を推す厚木仁美さん。休日は、1日2回の公演を欠かさず見るのだが、劇場に着くと、必ずすることがある。

劇場に掲示されているその日の演目の写真を撮るのだ。昼と夜とでまったく同じものが掲示されていても、必ず毎回撮るのだ

という。

出張公演することも多い大衆演劇の一座。厚木さんはそれを追いかけ、日本全国、東へ西へ。最も多いときには1か月の間に21回も劇場に足を運んだそう。

6年前、好奇心からたまたま劇場に行った厚木さん。大衆演劇の華麗な世界にひと目ぼれしたという。

「着物に袴《はかま》に扇子《せんす》持った人たちがいっぱい出てきて、明るい曲でバシバシ踊ってて。ええっ？　踊るの？　た、楽しい～ってなって。そこからもう、すぐに通い出しましたね」（厚木さん）

大衆演劇は主に2部構成。第1部は時代劇などのお芝居で、ちゃんばらなどのアクションシーンも魅力。それに続く第2部は、演歌や歌謡曲に合わせた華やかなショーの世界が展開する。

厚木さんが推しているのは、「劇団暁《あかつき》」の三咲大樹《みさきだいき》さん。端正なルックスと、長身を生かしたダイナミックな踊りが魅力的な、一座の花形役者だ。

「指先までキレイですね。どんな動きもビシっと決まっていて。立ち回りも自分でつけてらっしゃるんですが、すごく立体的で、動きも素早くて、見ていてワクワクします」（厚木さん）

俳優とファンの距離が近い大衆演劇は、ファンからのプレゼントを舞台で身につけることもあるのだとか。

それを知った厚木さんは、大胆な推し活に挑んだ。服飾関係の学校を卒業した厚木さん。舞台衣装を作ることにしたのだ。

苦心の末、初めて作ったのが、艶のあるラメの布地が印象的な黒いロングコート。

「会場でお客さんたちが、『きれいだったね』『大樹くんのイメージに合ってる』って言ってる声が聞こえてきたときは、本当にうれしかったです。やった！　って思いました」（厚木さん）

厚木さんの衣装作りは進化を続けている。縫うのが難しい袴にもチャレンジ。着物を作った経験はなかったが、独学で研究した。

完成したオーロラ色に輝く幻想的な袴は、三咲さんの舞台を彩った。

作り始めて3年間で完成させた衣装は、なんと17着にも及ぶという。

厚木さんの最新作は、小さな着物だ。誰が着るのかというと、大樹さんのお嬢さんの莉心《りこ》ちゃん。莉心ちゃんは3歳だが、舞台に立つ立派な役者。厚木さんは、この莉心ちゃんも推しているのだ。10日間かけ、丹精込めて作り上げた。

大樹さんの後に登場した莉心ちゃんは、

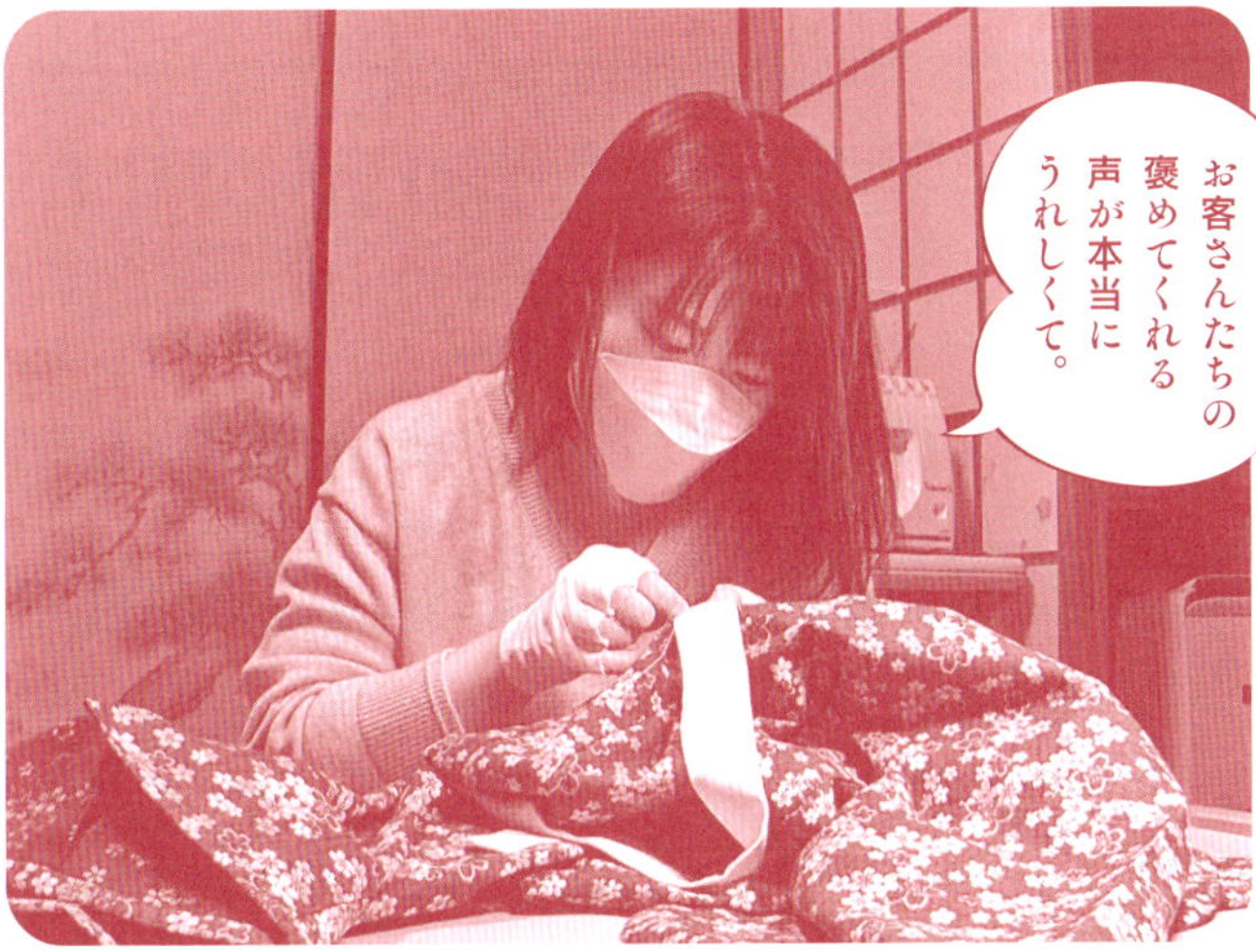
お客さんたちの褒めてくれる声が本当にうれしくて。

厚木さんが作った着物を着てくれていた。

「今日もまた、舞台を見ながらインスピレーションというか、いろんな光景が浮かんできたので、また新しい衣装を作りたくなりました」（厚木さん）

満足するのもつかの間、厚木さんの頭の中は、もう次の衣装のことでいっぱいだ。

推しに人生を救われた話
鈴木拡樹さん推し
泉山三加子さん

　2・5次元舞台というものをご存じだろうか。マンガ、アニメ、ゲームなどを原作にした舞台やミュージカルのことで、ここ最近、人気が高まっている。

　そんな2・5次元舞台を中心に活躍する鈴木拡樹さんは、抜群の表現力、演技力で

ストレスで閉ざされていた世界が、推し活で一変!
CUT

圧倒的な人気を誇っている。

鈴木さんを推しているのは、泉山三加子さん。きっかけは鈴木さんが主演を務める人気マンガ『最遊記』を原作にした舞台だった。

「昔から舞台を見るのは好きでしたが、２・５次元にここまでハマるとは思っていませんでした。こんな年でハマって恥ずかしいって思ったのは最初だけですかね。見始めたらぜんぜん気にならなくなりました。楽しいですし、むしろ若返るからいいんじゃないですかね」（泉山さん）

推しに出会う前、泉山さんは職場での人間関係に悩んでいた。

「人と接するのがちょっと怖くなるぐらいまでになってしまって。そうしたら、仕事中に鼻血が止まらなくなってしまったんです。体が拒絶反応起こしてしまったんですよね。病院に行ったらストレスだと言われて。お医者さんからは『下手をしたら脳の血管が切れてたよ』って。その手前だったんですね」（泉山さん）

仕事を辞め、思い悩んでいたところ、見かねた娘が勧めてくれたのが、２・５次元の舞台のＤＶＤだった。

「申し訳ないけど、『ただ、イケメンをそろえてるだけ』みたいなイメージだったんですよ。演技とかイマイチじゃないのとか、歌もイマイチじゃないの、みたいに勝手に思い込んでいたんですけど」（泉山さん）

ところが、ひと目見てその魅力に心を奪われた。特に感動したのは、原作の世界観を舞台上に再現しようとする出演者、スタッフたちのひたむきさだったという。

中でも、あるセリフが泉山さんの心をつかみ、運命を変えた。

それは、「何ものにもとらわれず、縛られず、生きろ」「迷いはない。俺には俺の生き方がある」というものだった。

「なんかこう、ひと筋の光じゃないですけど、バーってなんか明るくなって。すごく力強くて、本当に『よし！　頑張ろう！』っていう気持ちにさせてもらった」（泉山さん）

ストレスで閉ざされていた世界が、推し活で一変した。

2・5次元の舞台を見に行くのはもちろん、舞台をきっかけに原作のマンガやゲームも楽しむようになった。ちなみに、ゲームをするのはインベーダーゲーム以来だという。

「やってみたら面白くて。いろんなキャラが増えてくと、『やったー！』という感じで。舞台も、見に行ける限りは行きたいですね。そう思ったら、やっぱり頑張んなきゃと思うから、『足腰が弱った』とか、言ってらんないじゃないですか」（泉山さん）

意欲もよみがえり、泉山さんは新たな仕事に就くこともできた。まさに推し活で、奇跡の復活を成し遂げたのだ。

舞台をきっかけに
原作のマンガや
ゲームも
楽しむように。

推し活リアルVOICE

推しグッズ創作
田中涼星さん推し
坂本由南さん

推しへの愛があふれすぎて、グッズ創作が止まらなくなったのは、田中涼星さん推しの坂本由南さん。

田中涼星さんは190センチ近い身長と、抜群のスタイルを生かし、まじめなキャラから個性的なキャラまで幅広くこなす今注

グッズ作りは、推しに思いを馳せる大切なひととき。

目の俳優だ。

「涼星くんは私のスターです。光っている姿を見るのがすごい好きだし、彼が頑張ってるなら、私も頑張ろうかなって」（坂本さん）

坂本さんがグッズ創作を始めたのは、推しからあふれるぐらい愛をもらっているので、それを何かの形に残しておきたいというこ とがきっかけだったとか。

アクリルで作ったキーホルダーに、「Cool Star」（涼星）と書かれたピアス。フィギュアもお気に入りの写真を参考に粘土のような材料で再現した。

イラストを描くソフトも独学で勉強。3Dプリンターなども購入し、自分だけの推しグッズを作っている。クオリティは高いが、あくまでも個人で楽しむためのもの。

「アクリルスタンドも缶バッジも、公式グッズがたくさん出ているんですけど、やっぱりどうしても『推しのこのシーンが欲しい』っていう自分の中でのこだわりがあって、そのあふれるリビドー（衝動）みたいなものを解放するために自分で作っています」（坂本さん）

グッズ作りは、推しに思いを馳《は》せる大切なひととき。観劇に欠かせないチケットホルダーには、推しが今までに出演した演目や公演日をデザインした。

さらにとてもユニークなのが、名づけて「推しカプセルトイ」。

カプセルトイのマシンも購入し、回すとランダムにカプセルが出てくるこだわりようだ。

あるカプセルトイの中の吹き出し形アクリルキーホルダーには、「また会おうぜ、クソ野郎ども」という涼星さんのセリフが。中に入っているのは舞台のセリフだけではない。「推しを見ながら食べる白米が美味い」「存在がどの栄養ドリンクよりも効く」「推し、長生きして。私よりも……」「存在が世界を救う」などなど、推す側の力強い言葉の数々も。

実際に硬貨を入れて回すので、ある意味、貯金箱でもある。

「落ち込んだときとかに回して、これでストレス解消をしています」（坂本さん）

さらに坂本さんは、オリジナルの切手も作っていた。実は、日本郵便のサービスで、専用のウェブサイトに画像をアップロードすれば簡単に作れるのだ。

実際使える正式な切手なので、肖像権や著作権等の侵害になるような画像は使えないため、坂本さんは劇場によく置かれているキャストへのプレゼントを入れる箱をモ

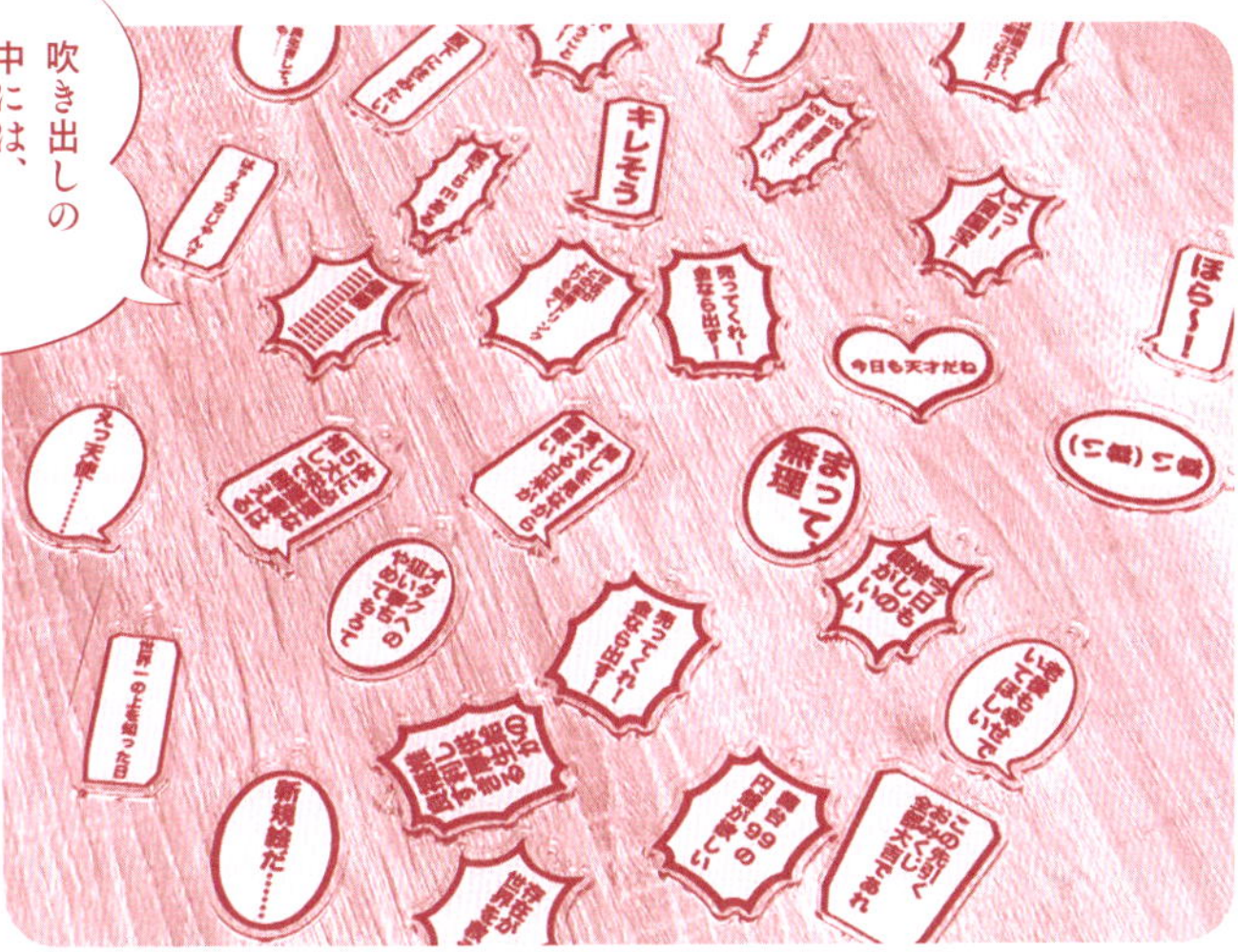

吹き出しの中には、力強い言葉の数々。

チーフにした。

作成した切手は、ファンレターを送るときに使っている。コロナ禍以降、プレゼントボックスが設置されない劇場が増えたため、「本当は劇場でプレゼントボックスに入れる手紙だよ」というメッセージを込めたのだ。

Q&A 教えて推しライフ！

「推し活」を生活に生かしていること

初めての社会人で同僚たちとの年齢や距離もあってうまくいかなくて悩んでいたけれど、会話の中で推しの話で盛りあがって、今はとても仕事が楽しい。

（声優　宮野真守さん推し）


夫にイライラすることがあっても、「これが赤楚さんなら絶対イライラしないな」と、日々、夫を赤楚さんだと思って接しています（笑）。結果、優しくなることができました。

（俳優　赤楚衛二さん推し）


推しがメール（登録制）でいつも、「今日も頑張っててえらい！」って言ってくれてとてもうれしいので、私も子どもたちに「学校に毎日行っててえらい！　頑張ってる！！」など、日々のルーティンを褒められるようになり、子どもも機嫌良く過ごせています。

（アーティスト「INI」推し）


国語の教師なので、スピーチやレポートなどの生徒用の見本を推しを絡めて作っている。教材研究が楽しいし、布教にもなるし、生徒との会話が広がるのでいいことばかり！

（アーティスト「JO1」推し）


何か新着ニュースがあるのでは、と、朝起きるのが楽しくなった。

（俳優　横浜流星さん推し）


推しが見ているつもりで食べ過ぎずダイエット。1年で18キロ痩せた。

（韓国の俳優　ソン・ジュンギさん推し）


もしかしたら仕事場に推しが来るかもしれないと思いながら働いている。

（俳優　高野洸さん推し）

仕事がつらく心因性失声症になってしまい「いらっしゃいませ」「ありがとうございました」が言えなくなってしまった時期がありましたが、これはプラバースさんに言っているんだと思うようにしたところ、だんだん発声できるようになりました。今は完治しています。
（インドの俳優　プラバースさん推し）

どんな一日でも、良かった一日で終われる。
（アーティスト「TM NETWORK」ほか推し）

義母も韓流アーティストにはまり、お互いの推しについて、話したり、義母を誘って竜也さんの舞台を一緒に見にいったり、嫁姑という関係を越えた仲の良さを築けていると思います。（俳優　藤原竜也さん推し）

推しが大好きな地元ということで、馴染めなかった嫁ぎ先が一転、大好きになった。（演歌歌手　最上川司さん推し）

推しを全力で推すにはお金も時間もとってもかかるので仕事を極限まで頑張るようになりました。朝8時から仕事をしてから舞台のマチネ公演を見て仕事に戻り、舞台のソワレ公演を見て24時まで仕事をしたり、地方公演のホテルで仕事をしたり、地方から帰ってそのままキャリーで職場に向かったり。とにかく1日にこれでもかってくらい予定を詰め込んでいます。推しのおかげでこんなに仕事を頑張れたし独立できて、まだまだですが自分の会社を持てるようになりました。きっと推しに出会えてなかったらこんなハングリー精神バリバリで生きていなかったから本当に感謝です。（俳優　有澤樟太郎さん推し）

推しの演じたキャラクターだったらどうするかな？　と考えるようになって、そうしたら人に優しくすることが増えました。
（俳優　工藤大夢さん推し）

優くんが好きになってくれるような優しい母でいれるように心がけてます！　心の中で「今、優くんにモニタリングされてる」と思うと、部屋も片付けるし、ダラダラしないで過ごせます！（俳優　城田優さん推し）

第8章 もっと知ってもらいたい！ 私の推し

♥心の片隅に推しがいることで

ここまで、俳優、音楽アーティスト、お笑い芸人などの推しと推し活をご紹介してきたが、アンケートで寄せられた〝推し〟の中には、「マンガ」や「ドラマ」などの作品、「能楽師」「プロレスラー」「アーティスト」「スポーツ選手」、はたまた「戦国武将」や「ロボット」「ゴリラ」に、なんと「探査機ロケット」まで、さまざまな人やモノまでが……。

また、キラキラとした華やかな活動をしている推しが多いため、〝推し活〟自体も一見派手に見えがちだが、推し活をしている人たちの思いもまた、それぞれだということも見えてくる。

突然の病、家族の介護、子育ての悩み、災害……、実は、そんなときこそ支えになるのが〝推し〟なのだ。

日常生活の中で現実から目を背《そむ》けたくなるほどつらいとき、逃げ出したくなるときに心の片隅に推しがいることで、少しだけでも笑えることができたというエピソードや、推しをきっかけに仲良くなった「推し仲間」が心の支えになったという声も。

そこで最終章では、ジャンルにとらわれない〝推し〟や、ユニークな〝推し活〟、また、人生のさまざまなシチュエーションで推し&推し仲間に背中を押してもらい、支えてもらったというエピソードをご紹介しよう。

皆さんに、「もっと知ってもらいたい！」という、自分しか知らない推しの魅力を存分に語ってもらった。

能登半島を襲った地震 支えてくれたのは推し仲間

BE:FIRST推し まゆこさん

「BE《ビー》:FIRST《ファースト》」を推すまゆこさんは、2024年の元日に起きた能登半島地震のとき、推し仲間とのつながりで不安な思いを消し去ることができたそう。

新潟市に住むまゆこさんは、SNSを通

誇れるような、キレイな新潟を見せたい
BESTY
BMDG
BE:FIRST

じて仲良くなった「BE:FIRST」の推し仲間たちと、これまで鑑賞会をするなどの推し活を楽しんできた。

そんなまゆこさんを突然襲ったのが、能登半島地震。新潟市も最大震度5強の揺れに見舞われ、液状化など大きな被害が出た。

当日、市内の自宅にいたまゆこさんは、津波警報が発令されたため、子ども二人を連れ、近所の高い建物に避難した。

夜になっても自宅に戻れず、不安が募る中、まゆこさんを励ましたのが、推し仲間からの連絡だったという。

「地震直後から、『みんな大丈夫？』と、お互いを気遣う言葉が行き交いました。連絡をもらえただけでものすごく心強かったです」（まゆこさん）

地震が起きてから約ひと月後、初めてとなる推し仲間との集まりが。会話は自然と、励まし合ったあの日の話題に。

「地震の日は夫が仕事でいなかったので、子どもと自分だけですごく不安だったけど、みんなのメッセージが来てほっとしましたね」（推し仲間）

「みんなとつながってる、一人じゃないっていう気持ちになれて、不安が解消しました」（推し仲間）

まゆこさんには、推し仲間たちとこれから力を入れていこうと話していることがある。それが「BE:FIRST」をもじった、「Clean:FIRST」というボランティア活動だ。

フェスなどでたびたび新潟を訪れてくれる「BE:FIRST」。彼らに気持ちよく過ごしてもらいたいと、これまでも、SNSで呼びかけて集まったメンバーで、「BE:FIRST」が訪れたフェス会場の周辺や、海岸などを定期的に清掃してきた。

「BESTY（BE:FIRSTのファンネーム）は本当にたくさんいるので、そのパワーをちょっと借りて、活動がもっと大きくなっていったらうれしいなと思いますし、それで新潟全体がキレイになったらいいなと思います」（まゆこさん）

能登半島地震をきっかけに、地震の被害が大きかった新潟市西区のエリアにも清掃範囲を広げた。

地震の被害を受けた新潟を元気にしたい、「BE:FIRST」が来てくれたときに「誇れるような、キレイな新潟」を見せたい。そんな思いでまゆこさんたち「Clean:FIRST」は、これからも活動を続けていく。

〝推しは推せるときに推せ〟
後悔が残った
かつての推し活を胸に
鳥海連志選手推し

まれさん

推し活も
人生も限られた
時間だからこそ。

〝推しは推せるときに推せ〟——これは推し活をしている人たちの界隈でよく使われるフレーズだ。

現在、車いすバスケットボールの鳥海連《ちょうかいれん》志《し》選手を推すまれさんだが、かつてはあるアイドルが好きで、10年近く応援をしてきた。当時は子育て真っ最中。家庭と推し活を両立させながら楽しんでいたが、そんな矢先に発覚したのが乳がんだった。

「自分は健康だと思っていたんですよね、それがステージⅠの乳がんだと告げられて……。病気をしてみると、5年後、10年後、ちゃんと生きているかどうか保証はないし。今も治療中ですが、再発するかもしれない。推し活も含めて、ほんとうに悔いの残らないようにやらないといけないなと感じたんです」（まれさん）

闘病生活を送る中、元気になったら推し

活を再開しようと思っていたが、再び試練が訪れる。推しのアイドルが活動を「休止」する、と発表したのだ。

「気持ちが落ち込むというか、生活に彩りがなく、仕事をしていてもつまらない、ちょっと投げやりというか、こんなに好きになる人もうほかにはきっと現れない、そういう気持ちでしたね。推しがいなくなるってこういうことかと、急にすべてが変わってしまった感じがありました」（まれさん）

また次があるだろうと、コンサートのチケットを申し込まなかったこともあったりと、思い返せば、もっと応援できたのでは

鮮やかなプレーのひとつひとつが、心に刻まれていった。

写真：長田洋平アフロスポーツ

ないかと、心残りがあった。

「自分の体調や子どもの受験もあって、多少は我慢していたところもありました。でもあのとき、無理して行っていれば後悔しなかったんじゃないかと……」（まれさん）

心にぽっかりと空いてしまった穴がふさがらないまま、やるせない毎日を過ごしていた2021年、テレビでたまたま放送していた、東京パラリンピックの車いすバスケットボールの試合を目にする。

「ピカーン！　ってきたのが、鳥海連志選手だったんです。本当に最初の一瞬でプレーにくぎ付けになって。動きだしたら速いこと、速いこと……！　すごいスピードできて、しかもボールを取ってすぐに大きくバウンドさせて、ボールが上がっている間にキュっと止まって、目の前にちゃんとボールが落ちてくるっていう。あの技術は本当に素晴らしいなって」（まれさん）

鳥海選手の武器は、他を寄せつけない圧倒的なスピード。握力は右手は30キロ未満、左手は握れないにもかかわらず、精度の高い車いす操作や、ボールが手に吸いつくようなパスキャッチ、そしてドリブルからシュートまで、その鮮やかなプレーのひとつひとつが、まれさんの心に刻まれていった。

そこからは、鳥海選手の情報を集めに集めたまれさん。彼のプレーだけでなく、常に高みを目指して努力を怠《おこた》らない姿、チームをけん引していく姿、彼自身が発する言動にも心を動かされていった。

〝推しは推せるときに推せ〟という言葉どおり、2021年にタイ・プーケットで行われた「国際車いすバスケットボール男子U23世界選手権」も現地に行って応援した。

鳥海選手の活躍もあり、日本チームは日本バスケット界史上初となる金メダルを獲得。その瞬間に立ち会えたことは、一生忘れられないというまれさん。

「少しでも選手に声が届いたらいいいな、気持ちが届けばいいなと、声が枯れるまで応援して、一緒に戦った気分にさせてもらって、幸せな瞬間に立ち会わせてもらえたなと思っています」（まれさん）

その後、車いすバスケを体験できるイベントに参加したまれさんだったが、そこには観戦しているときとはまったく違う世界が広がっていた。

「ボールを持っていると車いすをこぐだけでも大変。膝のバネが使えないのでシュートはまったく届かない。いかに選手たちがすごいことをしていたのか再確認しました」（まれさん）

選手たちのことをもっと理解したいと思ったまれさんは、本格的に車いすバスケットをやってみたいという気持ちに駆られたが、自分自身の年齢のことや、健常者でも受け入れてくれるのだろうかという思いもあり、踏み出せずにいた。

「ちょっと乗り越えられない壁みたいなものがまだ自分の中にはあったんですが、鳥海選手を深く知るためにもやってみようと」（まれさん）

その後、健常者でも入れるチームを探し、今は大人も子どもも一緒になって車いすバスケが楽しめるチームに所属。週末は練習に励んでいる。

車いすバスケをするようになって、選手たちの技術の高さを再確認する一方で、自分自身にも変化があったという。

「一緒にプレーしている子どもたちの中には障がいがある子もいるんです。前だったら構えてしまっていたんだけど、車いすバスケを通じて交流すると、『構えなくていいんだな』と思うことが多くて。自分が車いすに乗ることによって自分の中でも幅が広がったように感じました」（まれさん）

夢中で応援できる推しと出会ったまれさ

ん。

「なんといっても精神的に毎日楽しいんです、思う存分応援ができて。自分も車いすバスケットをするようになって、体力的にも少し健康になったんじゃないかなって。心と体ってつながっていると思うんですけど、どっちも調子がいい！　だから、今、本当に楽しいです」（まれさん）

どんな推し活をするかということは、限られた時間の中で自分の人生をどんなふうに生きるのか、ということにも通じるのかもしれない。

推しの〝解像度〟を上げていく

『ゴールデンカムイ』尾形百之助推し

金子さやかさん

推しを少しでもリアルに感じたい。

いつの時代も私たちに新たな世界を見せてくれるマンガ。

マンガ大賞を受賞し、アニメ化もされた作品、『ゴールデンカムイ』に魅せられたのが、金子さやかさんだ。

『ゴールデンカムイ』は野田サトルさんによる、明治時代後期の北海道を舞台にしたサバイバルマンガ。

「ものすごい世界観で、かつキャラクターも全員が突出して魅力的な作品なんです。読んでいて、ガーって感情が高ぶるところがすごく好きですね。隣人愛、恋愛、家族愛、大自然や文化、そういうところにも『愛』や『尊敬』がすごく入っているので。自分が思ってもみないような家族の形や、生き方、死ぬところまでも、やっぱり愛情を感じずにはいられないというマンガですね」（金子さん）

その中でも特に、金子さんが推しているのが、「尾形百之助」というキャラクター。尾形は、はるか遠くの的であっても必ず当てるという、このマンガの中でトップクラスの腕を持ったスナイパー。主人公と行動をともにすることもあれば敵対して襲ってくることもあって、何を企《たくら》んでいるのかまったく読めない人物だ。

普段はクールな尾形だが、時折見せる「猫のようなしぐさ」とのギャップがたまらなく好きだという金子さん。

「すごくクールなところもあるんですけど、なんか、かわいいんですすね。めちゃめちゃ人を殺しているのに、蝶々をとろうとした

り。このワンシーンだけでも2年はしゃべれるねって推し仲間と話してます」（金子さん）

「尾形を少しでもリアルに感じたい」と思った金子さん。

自分にできることはなんだろうと考え、たどり着いたのが、尾形のキャラクターや世界観をクリアにすることだった。

作品の中では、アイヌ文化に対する描写も多いため、言葉や食べ物、しきたりなどを理解したいと、書籍を購入して勉強するのはもちろんのこと、推しの尾形が実在するならばどんな感じなのだろうかと、自分自身も尾形と同じ髪型にするため、ツーブロックに刈り上げたことも。

「尾形は髪の部分をなでつけるシーンがすごく多いので、自分でも鏡を見ながら、こういう感じか。こういう角度でなでてるんだとか、手の位置はこうかとか、お風呂上がりには髪が落ちてくるので、風呂上がりの尾形もこんな感じだったのかなと実感を得ていました」（金子さん）

マンガという2次元の中で見ていたものを、実際に見たり体験したりして再現することで、尾形に対する解像度がより上がっていると実感している。

尾形の解像度を上げるため、さらにはこ

んな体験も。それは射撃だ。

金子さんが訪れた射撃場には、100種類以上のエアガンがそろっており、その中には尾形が使っている「三八式歩兵銃」も。

やはり『ゴールデンカムイ』の大ファンという店長から、特徴的な「尾形の銃の構え」をレクチャーしてもらった金子さん。

「左手がプルプルする……尾形の場合はこうしてますよね」（金子さん）

みずからが体験することで、尾形の構えの意味を実感。

銃を撃っていると利き腕が太くなり、左右で筋肉のつき方が非対称になるという店長の言葉に、「よい情報を得ました、また解像度が上がりました」と。

『ゴールデンカムイ』は2022年に惜しまれつつも終了した。

いわゆる〝供給〟（新しいエピソード）がなくなってどうやって推し活を続けているのかというと。

「この活動のゴールはないですね。ない。ゴールテープを切ることはたぶんないです」（金子さん）

推し仲間とともに作品について語り合うことで新たな発見があり、また、作品の取材先にもぜひ実際に訪れたいと思っている

特徴的な「尾形の銃の構え」。左手がプルプルする。

という。

「解像度を上げていく」作業に終わりはなし。シーンのひとつひとつを理解していくには、時間がいくらあっても足りないのだとか。

金子さんの推し活はまだまだ続く。

歌声を分析したい 私が〝声〟に沼落ちした日

OWV推し

小野崎愛純さん

ある「声」に魅せられたのが、小野崎愛純さん。

家事をしていた愛純さんは、リビングのテレビから流れてきた「声」に耳を奪われた。

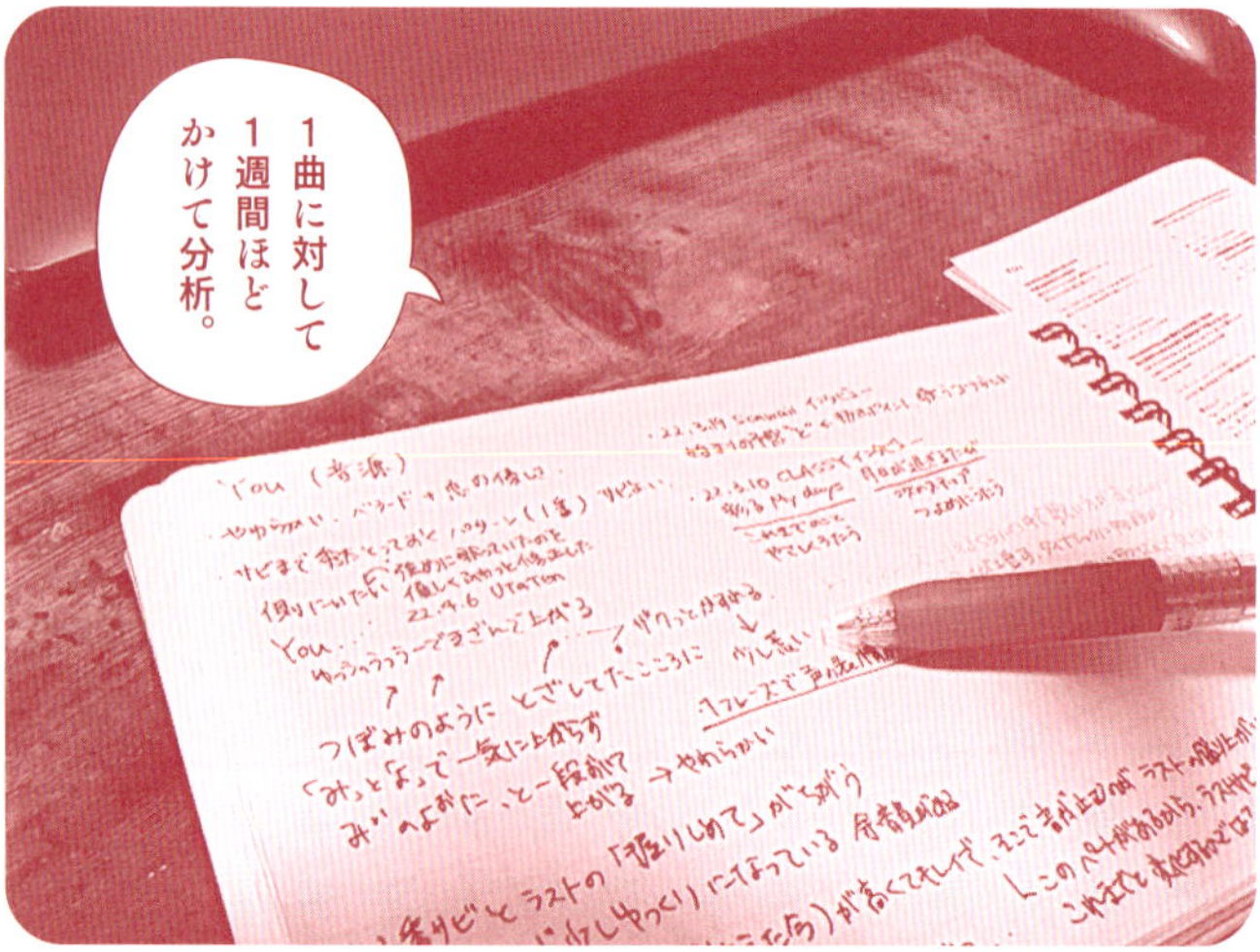

「衝撃でした！　耳に入ってきたんですよね。声がキラキラしていたんです。耳にひっかかったっていうと表現が悪いんですけど、顔を向けざるをえなくなる感じでした」（愛純さん）

愛純さんが心惹かれた声の主は「OWV《オウブ》」。国内最大級オーディション番組の元練習生で結成された、ダンス・歌ともに完成度の高い注目ボーイズグループだ。

その後、妹の歩海さんが聴いていた音楽を耳にした愛純さんは、「この前と同じ人の声だ……！」と瞬時に認識した。そこで愛純さんは確信する。

「これまで『歌』が好きということがあっても、『声』そのものにハマるという体験は初めてで、そこから本当に彼の声を求めていく感じになりました」（愛純さん）

のちにその声の持ち主は、グループのメインボーカル、浦野《うらの》秀太《しゅうた》さんだということがわかる。

「『光』だと私は思っているのですが、それが、すごくキラキラしてるように聞こえるときもあるし、たとえばお日さまみたいに暖かい声の時もあるし、ネオンみたいにピカピカッとすごい華やかで派手で、聴いているこっちがまぶしいなって思うくらい

のときもあるし、いろんな声を一人で表現できるっていうのが、『光』そのものという感じがします」（愛純さん）

愛純さんが最も熱中している推し活が、浦野さんの「歌声分析」。

「ただただひと言、『歌うまい』だけで済ませたくないなって思ったのが最初なんです。OWVや浦野くんが努力してものすごく声で表現してくれているから、こっちももっともっと深掘りして追究して研究していきたいと思って。そうさせる力が浦野くんの声にはあるんですよね」（愛純さん）

気づいたことはノートに細かく記載。声の伸ばし方、息の吐き出し方、発声の仕方、そして、母音の聞こえ方の違いまで、ひと言ずつ考察してまとめている。

1曲を1週間ほどかけて分析をするという愛純さん。

「初めて歌が公開されたときに、何回も聴いていて、同じフレーズなのに1番とラストで表現が違うんじゃないかな、歌い方が違うんじゃないかなと気づいたのがきっかけですね」（愛純さん）

これまでCDで発売されている24曲だけでなく、ライブでしか演奏されていない曲も、すべて自分なりの分析を終えたという。

「発見があったときに、歌自体の理解、歌の持つ味というのがもう一段深くなるような気がして、それに気づけたところがいちばん楽しいなと思います」（愛純さん）

この分析は、自分の中にとどめるだけにおさまらない。

休日、愛純さんの自宅に集まったのは、友人と妹・歩海さん。愛純さんはフォーマルな装いだ。

始まったのは、「ＯＷＶの曲分析学会」。この日のために要点を整理した資料を作成。それをもとに改めて友人たちと楽曲の聞き比べをするのだ。

この日のテーマは、ＯＷＶの楽曲「Ｙｏｕ」について。浦野さんの歌の表現の違いは、曲全体にどんな効果をもたらしているのかを議論する。

この学会は、まじめに論理的に、そして極力、言語化して曲への考察を深めるのが目的だ。毎回、新たな発見があり、推しへの理解が深まるところが「学会推し活」にハマる理由なのだとか。

学会を重ねるうち、大きな野望も芽生えた。

「ネットで知り合った、日本全国のＯＷＶ推しの人たちと一緒に、大人数で学会をや

ってみたいなって。みんな一緒の答えになるのか、バラバラなのかっていうのは、ちょっと見てみたいです」（愛純さん）

もともとは一人でいることが好きなインドア派だったという愛純さん。OWVと出会ってから行動的に変わっていったという。

「通勤のときにOWVの曲を聴いて、栄養剤を注入して、そんなことをやっているうちに自分の精神力も強くなっていきました」（愛純さん）

今では「ライブがあるから行かなくては」と全国どこでも一人で行くようになり、アクティブになることができたという（そして、ライブに行っても自分が考察した部分がどのような歌われ方をするのかが気になるとのこと）。

町も動かす行動力！

『美しい彼』推し

前野和泉さん

自分が住む町が推しドラマのロケ地に！

前野和泉さんの推しは、ドラマ『美しい彼』。推しは推しでも、個別の俳優ではなく、ドラマのすべてを推す〝ドラマ推し〟だ。

『美しい彼』は、萩原利久《はぎわらりく》さん・八木勇征《やぎゆうせい》さんW主演のドラマで、クラスになじめない男子・平良《ひら》が、カリスマ的魅力を持つクラスメイトの清居《きよい》に恋をする物語だ。

回を重ねるごとに、ドラマが作り出す世界観にどっぷりハマってしまったという前野さん。

「愛っていうのは成長することなんだっていうのがわかるドラマ。愛の真髄を教えてもらいましたね。お互いを高め合っていかないと一緒にいられない。一緒にいるために高め合っていく、成長していく、そこが肝ってことをドラマを通して感じました。男女の恋愛でもいえる話ですが、男性同士の恋愛を描いたドラマだからこそ、その部分がより鮮明に伝わってくるんですよね。お互い変わっていかないと続けることはできない。苦しい部分に目を背けないで、一緒にいるために強くなっていく。根本の愛ってほんとはこうだよね、成長をしていける、お互いが愛だよねっていうのを教えてもらったドラマですね」（前野さん）

前野さんがこのドラマにハマったもうひとつの理由がある。ドラマのロケ地になったのは、前野さんが住む山梨県上野原《うえのはら》市だったのだ。

前野さんは、自分が住む町がドラマを通じて美しく描写されていることに感銘を受けたという。

「日常の上野原の風景を知っているからこ

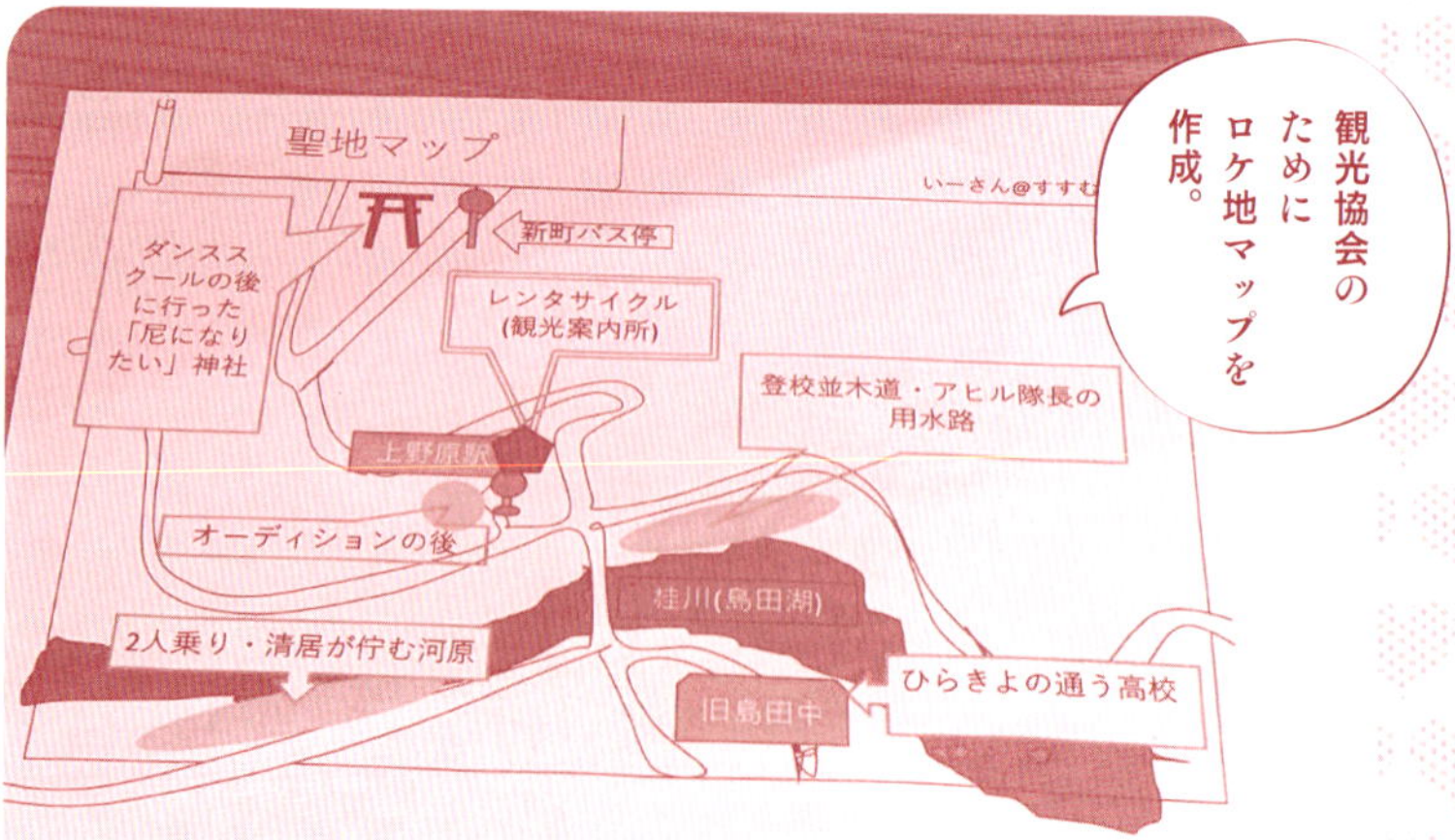

そ、美しさにやられた感じです。上野原の特性をこれだけ引き出して、良いところをより良くしている感じ。上野原だからこそ、これは撮れたんじゃないかなと思うような映像だったし、ああ、『美しい』ってこういうことなんだなっていうのを、ドラマを通して改めて教わった感じです」（前野さん）

そして前野さんは、ロケ地に住んでいるからこそできるオリジナルの推し活を始めた。それが散歩や仕事帰りに、ロケ地の風景を写真に撮ってSNSにアップすること。

たとえば、ドラマでは出てこない「夜の風景」や「桜が咲く季節の風景」など、季節や時間ごとに異なる様子を発信していった。

そんな推し活を続けていたところ、全国のファンから『美しい彼』のロケ地を一緒に回ってほしいという問い合わせが来るように。半年間で20人ほどのファンをロケ地に案内した

ほぼ全員、初めて会う人たちだったが、ロケ地を巡ればすぐに意気投合したという。

「最初の頃は、遠くから来ていただいても、実際の風景を見てがっかりされたらどうしようと思っていたけど、みなさん、ほんとに喜んでくださって。ロケ地に案内して、『あーー！　ここは！』ってなったときのみなさんの雄たけび、大好物です。しめしめ

じゃないけど、『だよねだよね』っていう、同じものを好きだからこそのみなさんのその感じが本当に喜びです」（前野さん）

さらに、ロケ地巡りの推し活が高じ、地元の観光協会ともつながりを持つように。以前から、ファンの人が市を訪れて、ロケ地を教えてほしいと質問されていたのだが、観光協会ではなかなかうまく現場を説明できないというもどかしさを感じていたという。

そこで前野さんは観光協会に置いておけるよう、ロケ地をまとめたマップを作成。

ドラマを知り尽くしている前野さんのアドバイスで、劇中で清居がよく飲んでいるジンジャーエールも観光協会のドリンク売り場に置かれるようになった。

「すごい助かってます。私たちも『このシーンの撮影場所はどこですか？』って聞かれても、これまでは上手に説明できなかったので」（観光協会担当者）

ドラマのメインロケ地である学校は数年前に廃校になり、普段は入れない。

上野原市観光協会は、ファンからの人気を受け、その学校を開放するイベントを企画。開催に向けて前野さんに協力をあおぎ、ファンにとって押さえておきたいポイントを前野さんがアドバイスすることになった。

前野さんが提案したのは、「ただのロケ地巡り」ではなく、ドラマの登場人物になりきって、シーンを忠実に再現することができるようにする「ごっこ遊び」だ
どの場所でどのシーンが撮影されていたのか、改めて映像を見ながらひとつひとつ特定していくなど、準備期間3か月を経て、「学校公開イベント」はついに開催。前野さんは総勢60名の男女のファンをアテンドした。
たとえば、主人公二人が卒業式の日に会話を交わしていた校舎裏で側溝にスマートフォンを落としてしまうシーンがある。それを再現できるよう、側溝のフタを開けておくように指示したり、当日、劇中に出てきたパンとジンジャーエールを小道具として配布するなど、前野さんがこだわった「ごっこ遊び」も大成功！
参加した人たちは、ドラマと同じ構図で写真を撮ったりと、作品の世界に足を踏み入れられた歓喜に沸き、その喜びを仲間と一緒に分かち合える「幸せ空間」がそこに生まれた。

「やっぱりみなさんが来てくださるから、市と観光協会もこうして動いてくださったと思うので、市民として、『美しい彼』のファンとして、どちらにも貢献できるように頑張っていきたいと思います」（前野さん）

実は、前野さんはこのとき初めて事業主として責任を持って行政とタッグを組み、イベントを開催した。

「ファンでいるためには、清居みたいに強くないといけないっていうのが根底にあって、人の輝きを自分のもののふりしてごまかすんじゃなくて、ちゃんと自分自身が輝く。清居は、それができる人だから、だからこそ、私も清居みたいに責任を持って自分自身が輝くんだって。ファンとして恥ずかしくないように、成長していきたいんです」（前野さん）

前野さんは笑顔で語ってくれた。

劇中に出てきた
パンとジンジャー
エールを配布。

推し名書き

投稿してくださった推しの名前を一覧にした、その名も「推し名書き」。
ごくごく一部の抜粋ではありますが、紙上掲載します。

斗 古川雄大 成田凌 高橋一生 桜田通 重岡大毅 仲里依紗 大沢たかお 玉山鉄二 松下洸平
剛 ラウール 志尊淳 中村蒼 中川大志 磯村勇斗 千葉雄大 前山剛久 平野紫耀 若葉竜也
亮 古川雄輝 渡邊圭祐 瀧澤翼 三浦宏規 ムロツヨシ 染谷将太 山田裕貴 黒島結菜 竹野内豊
浅野忠信 水江建太 荒牧慶彦 森本慎太郎 有村架純 村井良大 佐藤アツヒロ 元木聖也 柚希礼音
藤流司 山﨑賢人 前田公輝 水野勝 石原さとみ 岡田龍太郎 矢崎広 大見拓土 溝口琢矢 波岡一喜
人 上白石萌音 福山雅治 新垣結衣 鈴木伸之 高野洸 阿部サダヲ 松尾龍 間宮祥太朗 平野良
緒 高橋文哉 中尾暢樹 岸谷五朗 瀬央ゆりあ 阿部顕嵐 新田真剣佑 藤原大祐 内野聖陽 小栗旬
財木琢磨 北村匠海 森﨑博之 﨑山つばさ 吉田広大 松﨑祐介 井之脇海 神木隆之介 高良健吾
友梨奈 町井祥真 松岡広大 田中涼星 明日海りお 金子大地 正木郁 吉田羊 山田孝之 木村文乃
岡田准一 加藤和樹 荒木宏文 霧矢大夢 上地雄輔 竹財輝之助 米原幸佑 板垣瑞生 川原和久
CKT 福士誠治 津田寛治 増田修一朗 蕨野友也 松井勇歩 高岩成二 井浦新 植田圭輔 柄本佑
吾 奥山かずさ 北大路欣也 唐沢寿明 廣瀬智紀 沢口靖子 音尾琢真 久保田秀敏 大内厚雄 永瀬廉
さ 笠松将 山本一慶 木村拓哉 綾瀬はるか 村上新悟 長田成哉 塩野瑛久 田中俊介 石黒英雄
ゆづみ 糸川耀士郎 岸田タツヤ 飯田洋輔 田内季宇 桜木那智 藤木直人 鈴木裕樹 沖野晃司 文永傑
柿澤勇人 田本清嵐 細田佳央太 岡村美南 桐山漣 兵頭功海 小野塚勇人 神山智洋 大森南朋
ひかる 横浜流星 宮川智之 石田ゆり子 富田翔 錦織一清 中尾拳也 法月康平 高杉真宙 小田春樹
花裕大 真田広之 田代万里生 蒼木陣 渡辺大輔 岡宮来夢 萩野崇 福﨑那由他 濱田龍臣 室龍太
松たか子 仲田博喜 一條俊 天羽尚吾 阿久津仁愛 山﨑晶吾 京本大我 青柳翔 須賀貴匡 松田龍平
山口祥行 池上紗理依 spi 龍真咲 伊万里有 風間由次郎 鷲尾修斗 鹿賀丈史 八島諒 TAKA
口瑞之 宮崎秋人 寺尾聰 川上洋平 橋本さとし 瀬戸利樹 尾上右近 上野樹里 鈴木仁 中島裕翔
史 稲葉友 吉高由里子 上遠野太洸 飯田基祐 池田純矢 辻本祐樹 綾切拓也 岡本圭人 前田敦子
及川光博 平牧仁 林遣都 内山眞人 紅ゆずる 高崎翔太 小瀧望 片岡信和 立石俊樹 早乙女友貴
白石隼也 香川照之 氏家蓮 竹内一樹 田中精 浜辺美波 野田洋次郎 檀れい 広瀬すず 加藤シゲアキ
井貴一 TEAM NACS 奥谷知弘 赤澤燈 笠松哲朗 大野智 藤田玲 谷水力 土倉有貴 阿部快征
宮野真守 唐橋充 市原隼人 飯田達郎 小西遼生 竜星涼 太田将熙 内海啓貴 君嶋麻耶 真風涼帆
齋藤信吾 草川拓弥 蕨野友也 橋本汰斗 田渕法明 兒玉遥 奥野壮 高嶋政伸 中村嶺亜 小林顕作
芝清道 袴田吉彦 瀬戸啓太 羽立光来 多和田任益 彩風咲奈 加藤健 小澤亮太 小野健斗
真 山科諒馬 真田佑馬 一ノ瀬颯 長江崚行 田中圭 前川優希 矢作穂香 坂本昌行 廣瀬友祐
百瀬朔 葛山信吾 大山真志 柳浩太郎 早霧せいな 廣野凌大 吉田宗洋 水沢林太郎 藤原季節
髙橋海人 稲森いずみ 鯨井康介 鈴木勝大 中山優馬 里中将道 大薮丘 中村勘九郎 北山宏光
村芽実 山田元 奥平大兼 市川猿之助 塩﨑こうせい 反橋宗一郎 山田涼介 朝夏まなと 三浦海里
亀梨和也 川原瑛都 中河内雅貴 松嶋菜々子 白洲迅 石田隼 高橋良輔 葵陽之介 栗原英雄
孝 福澤侑 浅川文也 吉川愛 内藤剛志 道枝駿佑 橋本淳 KIMERU 岩佐祐樹 鳳月杏 裕加
野寺晃良 堂本翔平 佐藤信長 小南光司 小泉今日子 東山光明 松本寛也 越岡裕貴 河合龍之介
勇人 安東秀大郎 東山紀之 杉山真宏 小林唯 大隅勇太 一瀬悠 中山咲月 二葉勇 辰巳雄大
也 岡本健一 岸洋佑 前田隆太朗 亜音有星 ユースケ・サンタマリア 菊池風磨 渡辺謙 内藤大希
トータス松本 小谷嘉一 大海将一郎 北翔海莉 藤ヶ谷太輔 植草克秀 山崎努 校條拳太朗 福田悠太

正門良規　江口のりこ　山崎育三郎　森田剛　岡田健史　長谷川博己　中村倫也　玉木宏　稲垣吾郎
ディーン・フジオカ　金城武　赤楚衛二　玉森裕太　窪田正孝　菅田将暉　吉沢亮　眞島秀和　綾野
福士蒼汰　竹内涼真　八乙女光　反町隆史　井上芳雄　坂口健太郎　仲村トオル　櫻井翔　北村一輝　の
山下智久　木村達成　満島ひかり　天海祐希　柳楽優弥　鈴木拡樹　黒羽麻璃央　星野源　笹森裕貴　梅
清水尋也　相葉雅紀　七海ひろき　平間壮一　戸次重幸　瀬戸かずや　大野拓朗　浦井健治　堤真一　柴田
板垣李光人　松坂桃李　和田雅成　本郷奏多　中居正広　岡田将生　早乙女太一　佐々木喜英　生田斗真
豊川悦司　中村七之助　堂本光一　戸田恵梨香　土屋太鳳　犬飼貴丈　高橋健介　結木滉星　植原卓也
岸優太　内田有紀　向井理　山本耕史　宮沢氷魚　今井翼　本田礼生　小関裕太　城田優　森崎ウィン
神農直隆　岩永徹也　西島秀俊　香取慎吾　牧島輝　瀬戸康史　松下優也　村上虹郎　浅香航大　吉原光
染谷俊之　馬場徹　仲代達矢　甲斐翔真　工藤遥　西銘駿　小芝風花　山路和弘　朝田淳弥　須賀京介
田中美央　和田琢磨　上川隆也　川栄李奈　椎名鯛造　砂川脩弥　二宮和也　山中崇　斎藤工　田中彰
青柳尊哉　佐藤二朗　木原瑠生　掛川僚太　永山絢斗　伊藤裕一　伊礼彼方　迫田孝也　猪塚健太　影山達
松本潤　藤原竜也　鈴木京香　松本亨恭　久保田悠来　南圭介　二葉要　石川禅　森山未來　佐藤健
和久井映見　吉沢悠　安里勇哉　高橋光臣　前川泰之　石丸幹二　今井靖彦　石賀和輝　水田航生　山口大地
吹越満　成河　宮内伊織　中川大輔　小林豊　楽駆　太田基裕　寺島進　山口祐一郎　平方元基　水石
北園涼　小原唯和　片岡仁左衛門　永山瑛太　稲垣成弥　遠藤憲一　日向野祥　浜中文一　大島優子　青木
飯村和也　博多華丸　松島庄汰　平野宏周　望海風斗　佐藤貴史　才川コージ　渋川清彦　石川翔　猪野
田村心　中村隼人　戸塚純貴　有澤樟太郎　渡部秀　美弥るりか　河合健太郎　濱田めぐみ　池谷のぶえ
東啓介　郷本直也　飯島直子　江田由紀浩　山崎大輝　櫻井圭佑　阿部丈二　町田啓太　玉城裕規　中
雷太　近藤頌利　涼風真世　石井陽菜　三浦涼介　坂東龍汰　田中哲司　横山だいすけ　近藤真行　田中
戸塚祥太　松田悟志　仲野太賀　鈴木浩介　白濱亜嵐　須賀健太　姜暢雄　一ノ瀬竜　波瑠　新垣里沙
鞘師里保　野村萬斎　栗田学武　富田健太郎　横井漱　高橋怜也　若村麻由美　千葉瑞己　古川毅　大平
厂原時也　西島隆弘　大倉忠義　杉野遥亮　オダギリ ジョー　北村優　織田裕二　永野芽郁　風間俊介　長
佐藤祐吾　加瀬亮　栄信　伊藤淳史　井上真央　白川裕二郎　永田聖一朗　猿渡一海　生駒里奈　三津
谷佳樹　神宮寺勇太　飯島寛騎　伊藤あさひ　長澤まさみ　夢咲ねね　山本紗衣　大石吾朗　溝端淳平
中川晃教　三上真史　佐野大樹　大倉孝二　新納慎也　齋藤ヤスカ　本木雅弘　桐山照史　西村まさ彦
小西成弥　猪野学　屋良朝幸　葵わかな　井澤勇貴　三谷怜央　長尾寧音　吉村卓也　横山涼　野
前原滉　ジェシー　賀来賢人　宮世琉弥　田中俊介　田中晃平　杉咲花　馬場良馬　東拓海　阿部寛
和合真一　南出凌嘉　松岡雅士　遠藤雄弥　佐藤祐基　工藤美桜　寺坂尚呂己　水美舞斗　井出卓也
藤井流星　島村幸大　武田真治　出合正幸　堂本剛　谷原章介　永田崇人　後藤大　橋本祥平　西川
月城かなと　大泉洋　清原果耶　工藤阿須加　上口耕平　市川理矩　西畑大吾　鳥越裕貴　株元英彰　北
髙地優吾　安田顕　阿瀬川健太　木村佳乃　沢村一樹　泉澤祐希　佐伯大地　星璃　田辺誠一　阪本
小松菜奈　駒田一　中村海人　高野八誠　赤西仁　佐々木蔵之介　仲間由紀恵　小越勇輝　上川一
マエチャン　堺雅人　徳山秀典　鈴木壮麻　松田凌　寺西拓人　岩井七世　井澤巧麻　星元裕月　神尾
木ノ本嶺浩　武田航平　中山優貴　大地真央　蓮佛美沙子　安西慎太郎　佐野勇斗　福井晶一　高槻
柚香光　花總まり　目黒蓮　櫻井圭登　小池唯　福島海太　中村太郎　珠城りょう　宮近海斗　石田直也
濵田崇裕　丘山晴己　水野美紀　上原理生　中島健人　中島拓人　坂東玉三郎　小早川俊輔　深津絵里　今

ー V6 King & Prince Aぇ! group SixTONES Sexy Zone Hey! Say! JUMP A.B.C-Z 吉川MANA
エレファントカシマシ 千葉涼平 GLAY ORβIT 郷ひろみ JO1 ゴスペラーズ ゴリ山田カバ男
パラダイスオーケストラ 米米CLUB スピッツ ポルノグラフィティ スターダスト☆レビュー
] 岡崎体育 UNISON SQUARE GARDEN 山崎まさよし C&K 人間椅子 People In The Box
ICKEN MAN WITH A MISSION 米津玄師 ももいろクローバーZ ゴールデンボンバー
WIMPS 氣志團 THE BACK HORN さだまさし DISH// 星野源 ASIAN KUNG-FU GENERATION
cci 打首獄門同好会 櫻坂46 ジェジュン 東方神起 BTS チャン・グンソク よみぃ
MPAGE from EXILE TRIBE D'ERLANGER 清塚信也 Negicco ヨルシカ 奥田民生 桑田佳祐
及川光博 GACKT 玉置浩二 DA PUMP 大井健 L'Arc-en-Ciel 純烈 SEKAI NO OWARI
手友梨奈 斉藤和義 宮本浩次 鶴 TWiN PARADOX セックスマシーン!! 森山直太朗
之 福山雅治 UVERworld EXILE THE SECOND グッチ裕三 lynch. Ailiph Doepa 沢田研二
→Pia-no-jaC← 杉山清貴 10-FEET 東京大衆歌謡楽団 デーモン閣下 ござ Frank Ocean
ーポケット クリープハイプ SaToMansion 南こうせつ Chicago Poodle Base Ball Bear
SH 真田ナオキ 小室哲哉 DREAMS COME TRUE 秦基博 中澤卓也 ADAM at レキシ
コーダーカルテット KREVA indigo la End 川谷絵音 堀込泰行 超特急 桜井和寿
也 松田聖子 新しい地図 大原ゆい子 Superfly 女王蜂 HYDE 崎山蒼志 Da-iCE
BOYS AND MEN ORANGE RANGE 上白石萌音 MISIA DIR EN GREY 山下達郎 小沢健二
コブクロ モーモールルギャバン 四星球 石井竜也 木下優真 稲葉浩志 あいみょん
平井大 袈裟丸祐介 Nothing's Carved In Stone め組 林部智史 大澤誉志幸 WHITE JAM
TWICE 坂本タクヤ WANDS 天月 伊東歌詞太郎 神はサイコロを振らない 吉澤嘉代子
EAVER 角野隼斗 滝本晃司 竹本孝之 西野カナ TUBE 和楽器バンド どんぐりず
カ 華原朋美 KANA-BOON SAKANAMON 岩佐美咲 サスケ MUCC 私立恵比寿中学
哉 菊地ショー coldrain 凛として時雨 マカロニえんぴつ しまも Angelo 永井裕子
BREAKERZ 島津亜矢 渡辺美里 真心ブラザーズ 眉村ちあき 米倉利紀 高嶋英輔
範 神山智洋 シキドロップ s**t kingz SING LIKE TALKING 茂木欣一 Saucy Dog
ic BANANA アルテミスの翼 中井智彦 安達勇人 常田大希 井口理 かなこうた 星野陽介
ペラ シオダマサユキ ムロツヨシ Aimer Omoinotake THE COLLECTORS ODD FOOT WORKS
BUDDiiS SPARKS GO GO 高山一実 KAN Every Little Thing Yellow Studs 馬場俊英
S382 ソウルズ 手越祐也 竹島宏 和太鼓グループ彩-sai- TheWorthless Cocco
井憲次 GRANRODEO Lead 岸洋佑 ベリーグッドマン 藤井流星 小玉哲也
村瀬らむ 村瀬真弓 原因は自分にある。 實川風 中島みゆき 石田匠 浦島坂田船 iri
盤男子 MonsterZ MATE そよかぜ WAЯROCK Sound Horizon りずむらいす CUBERS
e Bomb!! Neighbors Complain style-3! RAISE A SUILEN Chage あんさんぶるスターズ!!
期衝動 Love Harmony's, Inc. DEEP SQUAD Takuya IDE luz FAKE TYPE. DOBERMAN INFINITY
E BEDROOM 神聖かまってちゃん HYPER NEO SOLOIST FAKY ベイビーブー 浅香唯
・ヒョンジュン IMPACTors After the Rain ROOT FIVE 名古屋ギター女子部
ックパニック C SQUARED ≠ME THE ORAL CIGARETTES Penthouse the GazettE THE 冠
恭平 上村莉菜 石野卓球 ゆりめり 長谷川浩二 SEVENTEEN GoodMoon 愛美
菅田愛貴 遠藤香奈子 Eve 君とみた夢の秘密 アバンティーズ 空中カメラ BIGBANG
Matsuyama 笠浩二 事務員G 朝香智子 BUGVEL 原田喧太 松下優也 face to ace
ーズ コアラモード. High シーンGo!! Go!! NOCTURNAL BLOODLUST ジャアバーボンズ
Beat 清野あやね 花園直道 鈴木雅之 宮川大聖 The Songbards デラックス×デラックス
the LOW-ATUS さくらしめじ うみくん 田村ゆかり L'Antica Jewel H!dE まねきケチャ
央 向日葵プリンセス THE BAWDIES 城田優 BLUE ENCOUNT IL DIVO 益田正洋 HIKAKIN
弥 Give&Give 水樹奈々 cali≠gari EGO-WRAPPIN' 久保田利伸 BRADIO GARI KOKIA
ス T-BOLAN かとうかなこ Laughin'NOSE 近藤真彦 谷山浩子 ビリー・バンバン

NEWS HiHi Jets Snow Man ふぉ～ゆ～ 7 MEN 侍 7ORDER KinKi Kids KAT-TUN 美 少 年
ジャニーズ WEST 関ジャニ∞ Travis Japan Kis-My-Ft2 なにわ男子 ENDRECHERI 堂 本 剛 藤井
氷 川 き よ し 辰 巳 ゆ う と 山 内 惠 介 サカナクション YUKI 藤 井 風 鈴 木 智 貴
三 浦 風 雅 THE YELLOW MONKEY King Gnu TM NETWORK 西 川 貴 教 三 浦 大 知 [Ale
Creepy Nuts ONE OK ROCK sumika ゆ ず スキマスイッチ 筋 肉 少 女 帯 聖 飢 魔 II BUM
Mr.Children 小 田 和 正 back number 岡 村 靖 幸 秋 山 黄 色 フジファブリック 高 橋
aiko くるり LUNA SEA サザンオールスターズ 松 任 谷 由 実 AKB48 モーニング娘。
ふみくん ハラミちゃん けいちゃん BUCK-TICK 宮 野 真 守 T字路s 坂 本 真 綾
B'z MeseMoa. BABYMETAL キュウソネコカミ OWV amazarashi 島 谷 ひ と み access
細 美 武 士 9mm Parabellum Bullet スガシカオ 野 口 五 郎 遊 助 松 下 洸 平 DEAN FUJIOK
浜 田 省 吾 吉 川 晃 司 倉 木 麻 衣 ハジ→ 森 崎 ウ ィ ン SUPER BEAVER ウエノコウジ
ヤバイTシャツ屋さん まふまふ flumpool tacica 椎 名 林 檎 東 京 事 変 ウルフルズ 横 山
T.M.Revolution Official髭男dism ナオト・インティライミ 平 井 堅 銀杏BOYZ 川 島 ケ イ シ
氷 室 京 介 いきものがかり 乃 木 坂 46 ELLEGARDEN cinema staff 大 森 靖 子 浅 倉 大
POLYSICS フレデリック TULIP 德 永 英 明 押 尾 コ ー タ ロ ー GRAPEVINE w-inds. FLO
松 本 佳 奈 Perfume 龍 玄 と し MELOGAPPA 山 本 彩 SKY-HI 日 食 な つ こ 日 向 坂 46
ガガガ SP Nissy Little Glee Monster WANIMA 水 森 か お り 宇 多 田 ヒ カ ル 前 川 清 藤
七 海 ひ ろ き きみとバンド cero 菅 田 将 暉 タ ク ト く ん YOASOBI ビッケブランカ
CAIKI 最 上 川 司 WONK 崎 山 つ ば さ LiSA BAD BABY BOMB ZABADAK よかろうもん
怒 髪 天 marasy 石 井 琢 磨 クレイジーケンバンド 椎 名 佐 千 子 Plastic Tree 宮 沢 和 史
松 山 千 春 レ・ロマネスク ヒプノシスマイク 奇 妙 礼 太 郎 吉 田 広 大 松 山 優 太 三
橋 爪 も も Novelbright 赤 西 仁 緑 黄 色 社 会 The Birthday 佐 野 元 春 鬼 龍 院 翔 中
北 原 ゆ か 二 見 颯 一 MICO きいやま商店 ACIDMAN さ か い ゆ う ゲスの極み乙女。
空 想 委 員 会 庄 田 愛 海 聞 間 拓 宇 海 -UUMI- 丘 み ど り 角 松 敏 生 メ レ ン ゲ IVVY は
杏 沙 子 Beverly FANTASTICS from EXILE TRIBE NORD 大 槻 ケ ン ヂ ARP Easyco
BALLISTIK BOYZ from EXILE TRIBE 塩 谷 哲 白 岩 瑠 姫 ASH DA HERO パジャマで海なんか行かない
ASKA 岩 岡 徹 長 野 凌 大 白川とも子 フラワーカンパニーズ 菊 池 亮 太 中 田 裕 二
ゴ ホ ウ ビ 斬 波 ワンダフルボーイズ 浜 田 麻 里 THE LEGEND い ぎ な り 東 北 産
石 川 ひ と み 宏 菜 新 浜 レ オ ン お さ む ら い さ ん BEYOOOOONDS 仲井戸"CHABO"麗
藤 澤 ノ リ マ サ 小 林 未 奈 吉 本 坂 46 マジカルライダー☆ふぐ OKAMOTO'S 安 全 地
菅 野 よ う 子 ALICE IN MENSWEAR さ く ら 学 院 ツ カ ダ コ ー ジ 立 花 綾 香 市 川 セ カ イ
ま き ち ゃ ん ぐ 三 上 隼 成 山 俊 太 郎 木 村 結 香 パンダドラゴン BBHF Scoobie
ザ・キャプテンズ ち ゃ る け ん GENERATIONS from EXILE TRIBE BURNOUT SYNDROMES *C
TANEBI 三代目 J SOUL BROTHERS 加 藤 和 樹 中 島 雄 士 鈴 木 愛 理 BAROQUE
M.S.S Project FIVE NEW OLD EXILE 須 澤 紀 信 I Don't Like Mondays. DIAURA DOUE
THREE1989 milet そ ら る Suspended 4th Mrs. GREEN APPLE 銀 河 団
黒 田 慎 一 郎 中 村 佳 穂 MELRAW TAK-Z CNBLUE LAMP IN TERREN 林 原 め ぐ み
大 石 昌 良 SOLIDEMO オカダユータ ST☆RISH チーム・ハンサム! CHEMISTRY BuZZ
小 山 田 圭 吾 め い ち ゃ ん フルカワユタカ 村 上 佳 佑 寿司ドミナント 好き好きロンち
ザ・ワイルドワンズ 三 山 ひ ろ し ピ ノ キ オ ピ ー FROZEN CAKE BAR アンジュルム
WOMCADOLE お か ゆ 銀ちゃんねる ウ ラ ニ ー ノ 湊 貴 大 アルスマグナ 夕焼け
望 海 風 斗 May J. SIO 中 原 み づ き 須 藤 満 佐 々 木 陽 吾 亀 井 聖 矢 スミワタル The
@onefive 吉 田 ひ ろ き 藤 井 尚 之 米 川 英 之 Linked Horizon 渋 谷 す ば る KEN THE 390 CA
仲 村 宗 悟 ClariS TRI.BE 花*花 PhenoMellow 陰 陽 座 toe ダイヤモンド☆ユカイ 藤
ハッチハッチェル THAMII シクラメン ぱんだウインドオーケストラ NSP 平 沢 進 柿 原 徹 也
山 下 大 輝 錦 戸 亮 観 月 あ り さ ASTRO ひろせむつみ 磯 貝 一 樹 レディオサ

ANE PERSONZ SNARE COVER Nulbarich SASUKE THE SIXTH LIE 森高千里 myunとyayo~ 田代万里生 高橋幸宏
年忍者 鈴木あい PENGUIN RESEARCH 松原健之 THE THEATERS 令和三姉妹 金子三勇士 LOOP CHILD SURFACE
s Vegas miro ONE N' ONLY Thinking Dogs ときのそら 高野洸 MONKEY MAJIK Kaya ダイナマイト☆ナオキ
キヨシ小林 藤田麻衣子 江頭勇哉 The Super Ball 三浦コウ ワルキューレ 梶浦由記 細谷南雲 のん
a Extended ビリー宮野 BANQUET 小原孝 広石武彦 TEAM SHACHI 須田景凪 マリオネット ほとけぶちあみ
ーン 中川晃教 H ZETTRIO INSPi ドアノブロック 川上大輔 ニガミ17才 Psycho le Cému BIGMAMA 島崎智子
おん Homecomings nqrse 渚こうた ずっと真夜中でいいのに。 SHARE LOCK HOMES MONOEYES 夢追翔 BMC
井香愛 門松良祐 Eightyeight88 万里慧 相田翔子 FullMooN coba 下野紘 Sou ENVii GABRIELLA SORGENTI
つばきファクトリー Leetspeak monsters わたなべまき 平野里沙 バンバンバザール 倖田來未 1-SHINE 若宮大起
生 EXO 安藤ヨシヒロ Monday Dirty Jokes 吉村妃鞠 ハピネスカラー TSUKEMEN Survive Said The Prophet
イロイロ 今西泰彦 屋良朝幸 アシュラシンドローム ACE OF SPADES 羽毛田丈史 柏木広樹 The Biscats アノアタリ
青空 minus(-) 榊原大 CIVILIAN 民族ハッピー組 小泉今日子 高野寛 辻本美博 北出菜奈 奥井亜紀
STA X SHE'S EGOIST 錦織一清 Ivy to fraudulent Game HEY-SMITH DELMO mol-74 a flood of circle 水江建太
tric Eel Shock カジヒデキ ROTH BART BARON 松岡英明 ReN 横浜銀蝿40th 吉田山田 THE NOSTRADAMNZ
ルプス 2CELLOS H ZETT M 大沢樹生 LÄ-PPISCH 天野月 JAM Project おこさまプランチ 髙島ユータ
テカホ ムーンライダーズ 富岡大輝 森広隆 星野雄太 川原光貴 井上侑 井上涼 深澤辰哉
R DaizyStripper ONF 朝美絢 佐藤こずえ 渡辺勝 渡辺貞夫 愛沢絢夏 特撮 ピーターパンJr. SiriuS
太郎 田中翠 田中秦之介 Mary's Blood HER NAME IN BLOOD エグスプロージョン PIGGS 西本智実 財部亮治
古舞梅乃 Surrounded By Enemies 姫事絶対値 イノイタル 篠崎彩奈 寅谷リコ ソン・シギョン ANIEKY A GO GO!
明 センチミリメンタル 小関峻 サナダヒデト 森本ケンタ 虎の子ラミー 香川裕光 ベッド・イン スガネマサト
tment ヒトリエ 甲斐バンド 大橋ちっぽけ ATATA GEEKSTREEKS ファーストサマーウイカ 瀧澤克成 笹山太陽
ザ・マスミサイル チャンカーオールスターズ GLIM SPANKY KING aively きくちくん 文學論 大督 Analogfish
ERS 古寺優子 円神 NICO Touches the Walls LOVEBITES 土佐拓也 トモフスキー 堀江美都子 ゆるめるモ!
馬場桜佑 あざらし uncon. パク・ユチョン EMPTYLOT 和泉まみ スカイピース YURiKA 小田夢乃 大野賢治
ATA 前田葵 Sena BiS 長岡亮介 Sonic Blew 私の思い出 Versailles 和紗 成田あより 古矢奈穂 VOJA-tension
涼 Over Beat ホロライブ ぶらそにか ササキオサム 風見穂香 植城微香 H△G Little Black Dress さのめいみ。
ギサワカリン UNIONE 森山ほのみ TRI4TH Marina 上田あつみ SKE48 遥河 しとろん PENICILLIN 落合渉
石歩 牛田智大 Acid Black Cherry 菊池常利 FRUN FRIN FRIENDS 高高-takataka- ゆっきゅん 82回目の終身刑
ーティ 平岡優也 姿月あさと FUNKY MONKEY BΛBY'S ナノ Charme Ché-ri a crowd of rebellion ダミアン浜田陛下
Rabbit maikanon MY FIRST STORY Gacharic Spin 宮崎奈穂子 Kumi コドモドラゴン 坂本櫻 坂本龍一 坂本真也
ザ・タイガース SCANDAL LM.C KEYTALK IKU クリス・ハート Doul 結花乃 バズマザーズ BATTLE BOYS F6
根のシン Knights TOMORROW X TOGETHER 内田雄馬 きつねでこんコン! jammin'Zeb 小野正利 蒼井翔太
矢野顕子 翔 金城色 Dios Tomochika890 中村雅俊 中村一義 中村あゆみ ニコラス・エドワーズ HoneyWorks
ンテ FTISLAND ラストクエスチョン TRIX THE ALFEE lonely planet 山崎育三郎 ジュースごくごく倶楽部
ール 諸星和己 RUn Girls, Run! マハラージャン あらき Apeace チャラン・ポ・ランタン 布袋寅泰 meiyo
AGON Hi!Superb クボケンジ KAMIJO 佐渡裕 ジャパハリネット Qyoto メンズヘラクレス Crimson Crat Clan
スマスク 古川慎 cosmic!! TRITOPS* 貴愛 ちゃんみな erica 河村隆一 夕闇に誘いし漆黒の天使達
二 荒木真樹彦 荒木林太郎 阪哲朗 ヒサ絵 となりの坂田。 家入レオ 野崎藍 go!go!vanillas
D.W.ニコルズ MISSION 田崎礼奈 北翔海莉 山野さと子 與那覇良大 MAGUMA MILLEA フォレスタ
est Partner DAIGO gao Snugs cocoro ミユキミユ 戸川純 竜馬四重奏 綱木悠夏 ザ・ビートモーターズ
ンカヅラ BREAQQQL リアルピース SUNLITE 香取慎吾 おーたけ@じぇーむず BOOOST 小川徹
AID 冨田エリィ peco THE BEAT GARDEN 大江千里 鯨木 SLAVE.V-V-R しおたん 石村吹雪 MISSIW
原涼 いりす 坂田穂乃花 Synphony 鮭オーケストラ 瀬川あやか Mr*Daisy GCB47 ずれやまズレ子
ウクレレこうだfusai のうじょうりえ 奇奇愛愛 番匠谷紗衣 加藤伎乃 清木場俊介 ちょねさゆ 海老沢茜
美 EARNIE FROGs waka THE武田組 KNOCK OUT MONKEY BULL ZEICHEN88 おかずのり FariaClown
長尾謙杜 井上和彦 金浜菜夏美 さわひろ子 志麻 FREAK 横山剣 Char ぴかりな Teary Planet

BURNOUT SYNDROMES　eill　己龍　白井圭　井上芳雄　安本美緒　Mili　チャー絆　UNICORN　ナレオ　長谷川白
君がそうなら僕はこう　小林太郎　M!LK　中嶋ユキノ　Suchmos　ごいちー　永島浩之　乙三.　ave　桜田通　この
シド　谷村新司　HAMORI-BE　川口レイジ　RED WARRIORS　ウルトラ寿司　ふぁいやー　甘い暴力　Fear, and Lo
ZIGGY　daisuke katayama　給食当番　HAGANE　加山雄三　Rei　鹿嶋静　早希　豊永利行　Uken　ルル·ルエナ
never young beach　sources　Vaundy　川波幸恵　ANFiNY　GOOD ON THE REEL　たけやま3.5　中野テルヲ　吉田拓
鞘師里保　WEBER　NU'EST　中村匡宏　神使轟く、激情の如く。　平山カンタロウ　シズクノメ　藍井エイル　フ
サイダーガール　堂島孝平　XOXO EXTREME　MADKID　百山月花　山口大貴　しゅーず　Calmera　竹原ピストル
超能力戦士ドリアン　Original Love　RASMUS FABER PRESENTS PLATINA JAZZ　横坂源　DON ALMAS　UCHUSENTAI
有安杏果　fucchiE　androp　DAN☆DAN　少林兄弟　コーネリアス　八十八ヶ所巡礼　ヴァージュ　ARGONAVIS　さんた
LIPHLICH　2PM　浜端ヨウヘイ　柴田樹　Jay U　カシミールナポレオン　ちゃんゆ胃　吉田連　紺野紗衣
入野自由　スタァライト九九組　heidi.　SIRUP　ゴダイゴ　Kra　bokula.　クマリデパート　菅原浩史　北村匠海　ライムス
竹下欣伸　ラストアイドル　林田健司　丸山永司　忘れらんねえよ　大森はじめ　a-ha　NCT127　the pillo
末澤誠也　学芸大青春ユメリープ　浅岡雄也　森大輔　CAT ATE HOTDOGS　SCREEN mode　MAG!C☆PRIN
ビレッジマンズストア　野村義男　えんそく　オメでたい頭でなにより　La'cryma Christi　アーバンギャルド
JILUKA　YOUYA　ARESZ　THE BOHEMIANS　ウタエル　秋休　宇都宮隆　宇都直樹　THE SPELLBOUND　関取花
小倉悠吾　川村いさみ　ET-KING　FENCE OF DEFENSE　エリック·フクサキ　ブリーフ&トランクス　TRICERATO
imim　syrup16g　東京女子流　古澤剛　aoiro　Taiki　おだともあき　ZOC　Unlimited Tone　めろん畑 a go go　STR
ウルフルケイスケ　樽生　i☆Ris　メリー　NakamuraEmi　斉藤壮馬　LEN　BabyKingdom　バックドロップシンデレラ
仙台貨物　松永裕平　美弥るりか　AA=　石田洋介　絵恋ちゃん　むぎ(猫)　Gran☆Ciel　GRAND COLOR STONE　犬
ねっちぽっち　JAY'S GARDEN　crescent bees　OLDCODEX　Ed Sheeran　池田ラムネ串　TJ　クアイフ　マキシマムザホル
王様　ピアノゾンビ　保坂直　DEVELOP=FRAME　Develop One's Faculties　PLOT SCRAPS　月光グリーン　the band apart
椛島恵美　uuuuuuuU　EMPiRE　Ado　Rose'n'Ciel　青山亮　キンモクセイ　Alpha999　千葉翔也　moca　momoca　ミ
阿児万寿美　ゲーム実況者わくわくバンド　ケイタク　Dear Loving　ちゃす【トマトのお兄さん】　渡部裕也　THE NAT
トミタショウゴ　香桃マサアキ　ONE HUNDRED LIMINAL　日谷ヒロノリ　ナガイケンタロウ　新しい学校のリーダーズ　The S
Roselia　高橋李依　高橋秀幸　SOPHIA　LAPH ROI GLENN　ナガトモユリ　我儘ラキア　水戸部望広　菜々　玖咲舞　Y
Aldious　鈴木瑛美子　鈴木千絵　鈴木孝紀　kai★130　西郷葉介　アイドルマスターシンデレラガールズ　フタエ　tocono
MOGA　HACHI　礼真琴　生野正樹　ZILCONIA　間慎太郎　三角形の時間　大山まき　あゆみくりかまき　Utaco.
めばゑ　宏実　Boiler陸亀　VAMPIRE ROSE　KENT　HARU　咲耶　アルカラ　三浦翔　阪本奨悟　MANAMI　神戸·清
Tae-chu　花房真優　テンテンコ　Penguinrush　Kaco　北口和沙　磯山純　SHIKASHI　Katsu　片山ブレイカーズ&ザ☆ロ
木下直子　3LDK　ENHYPEN　フラチナリズム　唄人羽　徳永ゆうき　鈴木紫帆　徳永由希　ヒミツノミヤコ　Timami
SHOTGUN RUNNERS　22/7　藤良多　藤本僚　文月きりん　やましたりな　Bray me　おとぼけビ～バ～　本田毅
Cool-X　HKT48　IDOLiSH7　カノエラナ　climbgrow　エース清水長官　清水翔太　原田竜空　北園涼　ツユ　石崎
春奈るな　山下智久　WAgg　Kenshin　センラ　花譜　HOOK　MSTK　氷置晋　山本達彦　Autumn leaf　Lilかんさい
RagTag　てにをは　KEIKO　4na　工藤静香　水美舞斗　西村琴乃　桜庭統　超ときめき♡宣伝部　詩央里　ブリ
つじあやの　Re:vale　826aska　吉咲みゆ　BMK　ポルカドットスティングレイ　the XAVYELLS　CoLoN:　今井仁志
優利香　KIM JUN SU　HY　峯崎圭輔　橋本容昌　海宝直斗　神山羊　spi　森俊之　松本和将　t-Ace　RIO　SU
南壽あさ子　あらかわ家　THE MODS　angela　安達香織　城南海　the engy　仮面ライダーGIRLS　ドールイン
カーリングシトーンズ　立岡千晶　松下幹雄　SIX LOUNGE　広瀬彩海　広瀬香美　西野公香　UP LIFT
MIYAVI　KATSUMI　愛成来来　松井祐貴　奥華子　緋鬼籠帝國　K　Hi-STANDARD　ジャッキーミッチュリー
Charmant coco　松田元太　矢井田瞳　映秀。　大友良英　まるりとりゅうが　HAND DRIP　上野大樹　戸
FLS　DJみそしるとMCごはん　はたなかみどり　ヤンバラー宮城　パク·ジュニョン　荒井佑輝
きゃない　かをる★　歌守累　梶彩美　イナダミホ　折坂悠太　HERE　四季彼方　ナカノユウキ
菅原優也　橘田ほのか　syudou　MERRY BAD END　小浜田知子　世莉奈　三阪咲　京佳　吉田絵奈　宮田
GOMES THE HITMAN　Sweet Hollywaiians　かのうみゆ　fulare_pad　夢奈ひいらぎ　繭　Task have Fun　BALA SBKN
ウミネコ楽団　小松亮太　ぱなえ　有咲りん　にしな　高伊聲　ワンダフル放送局　温路　A.F.R.O
村山二朗　大橋トリオ　アイナ·ジ·エンド　若林美樹　Ayasa　Poppin'Party　ヒャダイン　ウォルピスカーター

奈 F-BLOOD 櫻井敦司 田原俊彦 松本孝弘 加藤隆志 京本大我 大橋卓弥 堀江晶太
田貴久 加藤シゲアキ 片岡健太 北山宏光 岩沢厚治 ナガイケジョー 岡田准一
藤知輝 山口一郎 渋谷龍太 INORAN 谷中敦 Kamikaze Boy 鈴木昂秀 GYROAXIA
Revo HEECHO 白川裕二郎 RYUICHI 末吉9太郎 傷彦 ジェシー 鶴房汐恩 佐野玲於
稲垣吾郎 ピエール中野 桜井賢 亀梨和也 桐山照史 田村直美 白沢かなえ CPRNX
おい ナカヤマシンペイ YOUNGHOON 川西拓実 木全翔也 佐野晶哉 N.U. 篠原美也子
八乙女光 川上洋平 河野純喜 藤ヶ谷太輔 村上信五 正門良規 中村嶺亜 祭nine.
堂高嗣 佐藤景瑚 松尾太陽 村松拓 森本慎太郎 春斗 WOOZI 達瑯 藍坊主
井ノ原快彦 Toshl 平牧仁 山口陽世 齋藤なぎさ SHINICHIRO SUZUKI 森口博子
将宏 YOW-ROW RYO ユンホ 楢﨑誠 ikura 永瀬廉 JIRO Takuya 松下奈緒
ザ中野くん よっしー 花村想太 MIIHI 二宮和也 森田剛 森田ひかる Arata
y.Goose 砂糖みう 砂糖ココアとHinawa銃 Mei 莉犬 TERU notall HANCE 田原健一
翔 末吉秀太 圭 神永圭佑 神永大輔 HISASHI 大橋和也 eyeron 西井万理那
ガ 佐藤竹善 本田康祐 CHA EUN-WOO MAX 藤原正紀 阿部浩二 遠藤正明
yayA 鳴女琴葉 ナト☆カン kee 小島健 塚田僚一 高城れに 橘慶太 髙橋優斗
俊哉 小林由依 岩田剛典 幸阪茉里乃 春畑道哉 清水依与吏 根本要 渡部歩
隆平 西畑大吾 磯部寛之 のんちゃん Char プー・ルイ 夏川りみ 苑 大光寺圭
in ルーク篁参謀 アサヒ かれん Cooley High Harmony EXILE ATSUSHI 登坂広臣
Hiro Yudai 白濱亜嵐 SHIROSE 岸優太 田村侑久 中島裕翔 籾山ひめり 熊木杏里
マサムネ 内海光司 X+ 日高慎二 内田将綺 内田雄一郎 V 新井弘毅 メメタァ
吾 オク・テギョン 藤井麻輝 藤井恵 a-bra:z 柿内美緒 THE SAVAGE OKAYAMA通天閣
枝駿佑 佐藤隆紀 タケカワユキヒデ 玉森裕太 横尾渉 小林洋介 尾崎世界観
相澤香純。 佳衣 村山彩希 ROSARIO+CROSS Moeko SPYAIR Empty Black Box
田亮一 山田涼介 きたいくにと Bashoo 今村モータース 百田夏菜子 TAKURO
d Ass Temple 那須雄登 喜矢武豊 るぅと 堂珍嘉邦 数原龍友 本田剛文 HANCE
なか 浦野秀太 蘭眠斗 nilfinity 歌蘭 江崎文武 Yuwa タカシ 五関晃一 Toshiya
牧京介 松中啓憲 財津和夫 G.D.FLICKERS 鳴尾牧子 太田克樹 上田竜也 miwa
松岡充 加賀楓 斉藤慶 二段優希 小川史記 影山拓也 ZYUN. LOST IN TIME
りえい D13 ヤマサキセイヤ 池田彪馬 SION 末永桜花 宮近海斗 太田家 しやさ
なお 浜崎容子 松本大 松本慈子 松本としまさ 日々かりめろ LOCAL CONNECT
草彅剛 髙橋颯 髙橋真梨子 リサイタルズ 天使ころ 手島章斗 塩﨑啓示 SHINJIRO ATAE
彩 青色壱号 イガラシ シノダ 伊野尾慧 GreenRaySaxophoneQuartet YUiNA EMPiRE
ソゼ KENZO 佐藤優樹 SAKI 下町ノ夏 伊藤さくら 山田稔明 tonari no Hanako
歩 松村和哉 リョウタ・C・ナイト 北川悠仁 林鼓子 JOHNNY 浮所飛貴 小田さくら
久保田有貴 MAY'S 森重樹一 HAL-NOB TOSHIKI 涌嶋茜 匕首蝮 勝詩 THE KEBABS
愛夏 Re:Clash チノコトコ 水越かりん みねこ美根 たをやめオルケスタ 渡會将士
はらかなこ パピーハイブリッド ちゃま TOSHI-LOW 天道清貴 JOSHUA BREAKSTONE
江口拓也 OverTone 中園勇樹 萩谷慧悟 EBiDAN 基俊介 重田基喜 カナザワマナブ
THE NOVEMBERS 東端みあ 三井真穂 wyse 3ound's† J アサトアキラ 坂元昭二
小林竜之 SANOVA ピンクシガレット。 メアリーたけし 明香音 生駒三都 青葉紘季
琢矢 田中義人 田中ヤコブ 家主 オツベル サカイアキラ 瀬戸一王 磯貝サイモン
也 特撮Boyz 伊藤敏博 大野タカシ ケイスケサカモト YuMe 西洸人 後藤威尊
山りか 菰口雄矢 木村柾哉 チバユウスケ 恵美直也 佐野雄大 Aqours Juna Serita
マシロ 村治佳織 パンダライオン Rain Drops アヤコノ Paymoney To my Pain HONEBONE
リナオフミ やさしいひとたち タブレット純 MOTOR HOTEL 工藤江里菜 ReoNa 水野創太
カノアツシ 伊谷亜子 CASIOPEA 3rd The50kaitenz Vampillia 堀江沙知 田口淳之介

植草克秀　GALNERYUS　佐久間大介　酒井雄二　北山陽一　黒沢薫　安岡優　藤原基央
川尻蓮　菊地英昭　岡野昭仁　菊池風磨　新井和輝　Nick Carter　東山紀之　小山慶一
Kalafina　有村竜太朗　山内総一郎　Fukase ABEDON　晃直　NARGO　濱田崇裕　重岡大
増川弘明　本城聡章　野崎弁当　Spear Rib　長野凌大　SUGIZO　二番煎じ　小林正典　Y
豆原一成　金城碧海　田中樹　與那城奨　大平祥生　朱桜司　上原大史　トータス松本
松島聡　ガラ　中島健人　ななせ　Tokyo Tanaka　白服　坂本昌行　ハングオーバー　KEN
CHAGE and ASKA　yukihiro　長野博　松村北斗　MOAMETAL　髙地優吾　坂崎幸之助　藤
森田美勇人　榊原タツキ　SU-METAL　中川勝就　岩本照　目黒蓮　宮舘涼太　阿部亮
SATOち　nishi-ken　ラウール　asami　大野ひまり　清原梨央　渡辺翔太　相葉雅紀　河
うらたぬき　光田健一　高見沢俊彦　三宅健　DEEP TAKA　日高竜太　深堀未来
H ZETT NIRE　ころん　工藤大輝　DedachiKenta　peppe　樽美酒研二　JUNG KOOK
SOYO　大野雄大　竹中雄大　KIMI　ISSA　松本潤　タカ・C・バロン　葉山なつみ　みきなつ
藤原樹　土生瑞穂　山口隆　YORI　Choji　田澤孝介　櫻井翔　朝右　平野紫耀
中間淳太　中村麗乃　吉澤閑也　Yoshiki　小林豊　U-YEAH　佐藤勝利　貴水博之
黒木啓司　西園寺瞳　髙田彪我　タローズ　中井亮一　若本香織　究極人形　柏木な
玲央　生田絵梨花　brainchild's　一色素良　藪宏太　SOL　向山毅　和田颯　吉田美和
KIRINJI　ななえる　佐野文哉　井上あずみ　しなだゆかり　大西流星　こやまたくや
ゼノン　石川和尚　安田章大　佐藤璃果　今市隆二　YUKI　Skip the Chips　Fumi
SHUNYA　北原雅彦　IKUO　アマイオクスリ　Daichi　姫乃樹リカ　川村壱馬　マーガレット
川島如恵留　星野英彦　ユーキ　名切翔輝　しーな　椎名慶治　河野香恋　DE-OSS
SUNWOO　大森元貴　大森真理子　空鬼てと　島太星　RIKU　JUNE　Katzuya Shimizu　ク
DJ Santa Monica　江川直樹　髙橋海人　中村海人　神宮寺勇太　諸星翔希　向井康
佐々木彩夏　大西翼　木村拓哉　adieu　安井謙太郎　Joe　玉井詩織　丸山茂樹　岩
渡辺香津美　渡辺史子　Luminous　石原陽香瑠　松浦航大　MAKO　釈村帝人　Moo
歌広場淳　岩橋玄樹　ザ・ヒーナキャット　ひーちゃん　栗生みな　杉本雄治　杉本恭
にこいち　吉原雅斗　井上雄斗　井上文乃　井上瑞稀　角野秀行　中村貴之　Taka　TA
生形真一　髙木雄也　斎藤守也　鍵本輝　長妻怜央　潤羽るしあ　かみじょうちひろ　Ni
上田剛士　巫まろ　髙野瑠菜　の子　Masaru　BAEKHYUN　田淵智也　松岡美空　MI
Ricky　芹澤もあ　木根尚登　ko-dai　モモコグミカンパニー　勇翔　有岡大貴　松倉海斗　澤
TAEMIN　D.O.　吉田あかり　リアクションザブッタ　雪姫りん　夢城虹架　則巻まりな
MORRIE　MAYUKA　武川雅寛　SUGA　JIMIN　藤原丈一郎　矢花黎　しふぉん　あの　高橋香
赤坂晃　consado　ローズ伯爵　BANZAI JAPAN　坂元葉月　元木湧　SATORU　Rake　一
ザ・コインロッカーズ　田村愛美鈴　ヒビナオヒロ　THIS VERY DAY　宇崎竜童　命　中村天平
島田歌穂　せりかな　K.will　葉月　どついたれ本舗　SUNGMO　パスピエ　Tatsuya　観音
セントチヒロ・チッチ　花沢耕太　イ・ホンギ　菱田未渚美　中居正広　TREASURE　中原聡太　黒
まみむめももえ　かずき山盛り　Alice Lua　Lilium　Momoko　西條和　MARCS　鳥居れな
にたないけん　イノセントリリー　α-wave　ギル　ぶう　AKIHIDE　岩谷翔吾　Blue Peach　遠藤
LOVE PSYCHEDELICO　岩部真実　GAMO　ルナ　七五三掛龍也　稲村太佑　織山尚大　三浦
半﨑美子　トクヒサレナ　長哲也　希山愛　ばってん少女隊　月城弥呼　THEイナズマ
MALLIKA　ギルド　北剛彦　ね基督瓶　長澤知之　JIN　福耳　田村明浩　あまゆーず　小
沢田知可子　宮下遊　大木ハルミ　カイ　タクヤ　秘密結社ニルヴァージュ∀　佐藤龍我
寺谷光　BLIND HEADZ　infix　長友仍世　岸田繁　細谷佳正　沢井里奈　石野真子
永井誠一郎　知久寿焼　五木ひろし　Gero　田島貴男　べんてんや　大塚直哉　首藤義
綺城ひか理　CHIDORI quartet　松田迅　とんねるず　小山田壮平　けいたろう　近江祐香
如月愛里　平原綾香　Clunky Mate　あかてん　カワタコージ　吉瀬真珠　沖祐市　ちめい
原田智亜美　アンダーグラフ　ラチエンブラザーズ　HIGHSPIRITS　一宮麻由加　木島靖

ム　チェン・ジェンビン　リー・シエン　サッタブット・レーディキー　ディリラバ　カン・ユソク　レオ・ロー
・ハギュン　イ・ドンフィ　シワコーン・レトゥチョー　パク・ヒョンシク　タナワット・ラタナキトパイサン
ダレン・ワン　キム・ミョンス　ウーズン　ソン・スンホン　チュ・ジフン　ユク・ソンジェ　プラバース
グァン　チョウ・ユンファ　シッダールト・マルホートラ　ハ・ジウォン　イ・ジョンヒョン　チャン・ドンユン
ーウェン　チャウヌ　ムンビン　チャローンラット・ノープサムローン　ラキ　サン　タン・ジェンツー　V
アンソン・ロー　D.O.　ウー・カンレン　ホ・ヒョンジュン　プリンス・チウ　アンディ・ラウ　キム・デミョン
ット・ブンサティパックディー　ユジュン　キム・ジス　ウォラナート・ラッタナパート　キム・ヒョンジュン
チ・チャンウク　チョン・イル　スーリヤ　キム・ジフン　キム・ジュホン　ディン・ユーシー　シュー・ジェンシー
ン・レン　アン・ジェヒョン　ジェン・イェチョン　パク・シフ　ウォレス・フォ　ユ・スンホ　ゴン・ジュン
ロウン　タナット・ロークンナソムバット　ユンホ　クォン・サンウ　チン・ハオ　フー・ゴー　イ・スンギ
ジーヤン　チュウ・ザンジン　ナワット・プンポーティンガム　リー・ボーウェン　ユー・ビン　イ・ミンホ
キー・チェン　ツァオ・ヨウニン　ラム・カートン　ルイス・クー　ソ・イングク　スパナット・ラオハパニット
・ハヌル　ジョセフ・チェン　ヴァネス・ウー　チャン・ギヨン　ナクン・スクレイ　チャンミン　ユンホ
マ・ドンソク　ワナラット・ラッサミーラット　スティーブン・ジャン　キム・ヨンデ　ニック・ヤン
ーン　ホアン・ジュンジー　ジー・リー　ユ・ジョンホ　ワン・イージョウ　イ・ジュン　ホアン・シャオミン
ヒョン　ティティプーン・テーシャアパイクン　イム・シワン　プーンパット・イアン＝サマン　イ・ホンギ
・チェン　ナナ　ヤン・ユータン ユー　ピーラワット・シェーンポーティラット　リー・ホンイー　ジョー・タスリム
パク・ボゴム　ヴィック・チョウ　ジェリー・イェン　ホン・ドンヨン　チャ・ソウォン　タイガー・シュロフ
ユー　チャールズ・トゥ　リー・シャオビン　ナレート・プロームパオパン　ワン・ドゥオ　ウォレス・チョン
・ワン　チャーノン・サンティナトーンクン　イ・ドンウク　イ・ジョンシン　シー・チーティエン　リン・ズーホン
チャン・ジャーハン　パワット・チットサワンディ　イン・ジョン　ダヌシュ　チャン・ヒョク　ソ・ジソブ

ーヌワット・カートーンタウィー　ジョン・ヨンファ　カン・ミンヒョク　チョン・イー　シュー・カイ　ホ・ジュノ
ミン　イ・ジョンソク　チュー・ジエン　チェン・フェイユー　バロン・チェン　チョ・スンウ　チャンソン
ャオ　コン・ヒョジン　カナパン・プイトラクーン　ヒョンビン　ヨンジェ　ユ・ヨンソク　オ・ジョンセ
トーン　チョン・ヨビン　タン・ジュンサン　アーロン　グレッグ・ハン　カナーウット・トライピパッタナポン
・ガーロウ　アラン・コー　ジェイ・チョウ　プティポン・アサラタナグン　ケン・チュウ　レイニー・ヤン
スヒョク　チェ・シウォン　スパシット・ジョンチーウィーワット　イ・ヨウォン　ムン・グニョン　リン・イー
イーキン・チェン　チャウ・シンチー　ビビアン・スー　シャー・ルク・カーン　サミュエル・ホイ　ヨ・ジング
・アドゥンキッティポーン　トニー・レオン　ソン・イェジン　イ・ジュンギ　タナバット・ガームカモンチャイ

フランシス・ン　チェン・ボーリン　チョ・ジョンソク　キム・ジェウク　ジェット・リー　リン・ボーホン　パトリ
ホアン・ミン　シナラット・シリポンシャワリット　キム・レウォン　コンミョン　ジラキット・クーアリヤクン
キム・ミンジェ　マックス・チャン　アーリフ・リー　レイ　タナットサラン・サムトーンライ　ジョウ・イー
メータウィン・オーパッイアムカジョーン　ダンルン　チュウォン　アーロン・クォック　パク・ミニョン　キ
ワチラウィット・チワアリー　ユン・ドゥジュン　ショーン・ドウ　シン・ソンロク　リエン・ビン・ファット
イ・ビョンホン　スパポン・ウドムケーオカンチャナー　ソル・ギョング　チェ・テジュン　ヴィジャイ　ナムグン
ウー・ジンイエン　アーミル・カーン　リュ・ジュンヨル　ドニー・イェン　カン・ドンウォン　コン・ユ
ファンイニョプ　ナヴィーン・ポリシェッティ　キム・ソンギュ　キム・ジェジュン　ポーンナッパン・ポーンペンピ
ピーラーウィット・アッタチットサターポーン　キム・ソンホ　リー・ダイクン　イ・ギグァン　チャン・ビンビ
ウィリアム・チャン　リウ・ハイクアン　キム・スヒョン　ソ・ドヨン　パーコーン・タナシーワニットチャイ
シャオ・ジャン　ワン・イーボー　シワット・チャムローンクン　ワン・ジュオチョン　タマンナー・バティア
アーナン・ウォン　ナム・ジュヒョク　パク・ソンウン　サハパー・ウォンラット　キム・ナムギル　ハ・ジョンウ
パク・ソジュン　ソ・ガンジュン　ヤヤン・ルヒアン　ソン・ジュンギ　ソン・ガン　タワン・ウィホクラッ
ラッタウィット・キットウォララック　ジェイク・スー　カン・インス　チサヌポン・プワンマニー　ジロ
プラチャヤー・レァーンロード　ウィルソン・リウ　ハ・ソクジン　ウェイン・ソン　トーマス・チャン　ナット
ピョン・ヨハン　トンチャイ・メーキンタイ　キム・ドンジュン　フィガロ・ツェン　ティミー・シュー　キ
ホアン・ハー　ファン・ジョンミン　ノッパカーオ・デーチャーパッタナクン　ソ・ヒョンジン　ニコラス・ツェー　エ
リウ・シュエイー　カッサモンナット・ナームウィロート　ソン・ウェイロン　チャン・シンチョン　チャン・チ
キム・ジョンヒョン　リー・ゾンハン　ジョージ・フー　チュー・イーロン　ポールアン・ソンプラサート
チェ・ミンホ　リティク・ローシャン　ジュノ　エディソン・ソン　アビマナ・アルヤスティア　アーロン・ライ
イ・ドヒョン　JC アルカンタラ　ジャン・リンホー　ジン・ドン　ナパット・ナ・ラノーン　ホアン・ジン
ピラパット・ワタナセッシリ　チャン・グンソク　ウォルート・チャワリットルティウォン　チソン　チョン・ヘイ
ティティワット・リットプラスート　ソン・ホジュン　チャ・スンウォン　ノッパナット・ガンタチャイ　ウェイ
ナッタポーン・ディロクナワリート　アン・ボヒョン　ユ・アイン　イ・ジョンジェ　スバラジュ　チュー・チ
シッティチョーク・プーアックプーンポン　カーン・クリッサナパン　イ・ジェウク　キム・ヨハン　ナタット・
リャン・ジェンチュン　リン・メイシュウ　イ・ソンギュン　チェ・ウシク　ナワーズッディーン・シッディーキ
ソンフン　グリット・アムヌアイデシャゴン　オク・テギョン　イ・ソジン　タナポン・スクムパンタナーサーン
ロイ・チウ　ジニョン　アタパン・プーンサワット　チャン・ウィス　イ・ジュニョク　ラーム・チャラン　キム・
チ・ジニ　オン・ソンウ　チン・ハン　ウ・ドファン　ヨン・ウジン　トニー・ジャー　イ・ジェフン　ジュ

京03　矢作兼　佐久間一行　柳原哲也　磁石　もう中学生　千原せいじ　ゴルゴ松本　狩野大　宇治原史規
家さんま　レッド吉田　エスファイブ　中谷　ジョイマン　海野裕二　3時のヒロイン　出井隼之介　原田泰造
のお兄さん　斉藤慎二　かまいたち　TOSHIKI　ラバーガール　西本たける　ジャルジャル　マヂカルラブリー
ニューヨーク　櫻田佑　U字工事　メイプル超合金　ダイアン　オズワルド　東健太郎　さらば青春の光
属バット　久保孝真　おたけ　かが屋　上田晋也　ハライチ　坂井良多　オードリー　有田哲平　おぎやはぎ
ザーラモンHG　木梨憲武　アメリカザリガニ　鈴木大介　さまぁ～ず　小堀裕之　ウッチャンナンチャン
士　ぼる塾　阿佐ヶ谷姉妹　別府貴之　おいでやすこが　中川パラダイス　ヒロシ　坂本純一　なすなかにし
リットン調査団　徳井健太　カンカラ　学天即　久保田かずのぶ　カベポスター　空気階段　平成ノブシコブシ
秀亮　岡部大　秋山寛貴　桃沢健輔　千鳥　錦鯉　金ちゃん　西代洋　笑い飯　ロザン　にしもと　天竺鼠
野村尚平　うしろシティ　藤崎マーケット　レインボー　ジャンボたかお　池田直人　カナメストーン　田渕章裕
アイロンヘッド　ナポリ　辻井亮平　祇園　パンサー　よゐこ　バーバリアン谷川　ねじ　アンタッチャブル
☆　ちゅうえい　瀧上伸一郎　からし蓮根　FUJIWARA　中田敦彦　渡部おにぎり　ふかわりょう　ダイタク
ごうまん　キュウ　清水誠　ぴろ　トット　TAIGA　てつじ　怪奇！Yesどんぐり RPG　にゃんこスター
ホーキング青山　サノライブ　さんぽ　ニブンノゴ!　ブー藤原　ストレッチーズ　桑原雅人　放課後ボーイズ
ゆんぼだんぷ　佐々木優介　ずばり!タコ介　POISON GIRL BAND　那須晃行　色彩わんだー　ラパルフェ
ドン　春日俊彰　Everybody　菅広文　川原克己　ラニーノーズ　髭男爵　濱田祐太郎　インパルス　藤本敏史
ン　南　ショーゴ　ジョウダンアオナナテンパイ　滝音　めぞん　きど　20世紀　スクールゾーン　小木博明
井ゆき　平井善之　徳原旅行　素敵じゃないか　ニッポンの社長　ケツ　辻　ジュリエッタ　シュウペイ　さや香
マン　松本人志　ダイヤモンド　男性ブランコ　友保隼平　平井まさあき　浦井のりひろ　菅良太郎　リニア
ょうま　岡田圭右　夏目　ダンビラムーチョ　超新塾　金の国　後藤拓実　やさしいズ　ナミダバシ　大津広次
平太　ポートワシントン　おいでやす小田　豆鉄砲　蛙亭　伊達みきお　かみじょうたけし　Aマッソ　石橋遼大
のゼブラ　サツマカワRPG　さこリッチ　虹の黄昏　ズンズンボイボイ　マシンガンズ　吉住　大宮セブン
人間横丁　COWCOW　大谷哲也　エバース　せいや　オッパショ石　ネイビーズアフロ　伊藤俊介　狩野英孝
エグスプロージョン　まちゃあき　おばらよしお　ランパンプス　スモーキードライ　マツモトクラブ　ジャンピン
ンス　盛山晋太郎　岡田桜井　ザ・プラン9　三島達矢　コヴァンサン　きょうくん　尾形貴弘　ヤナギブソン
わし　電脳ビビ　夢見るむつみ　さのふぃせいや　チョコレートプラネット　ガリガリガリクソン　藤波かよ子
ポッシブル　銀シャリ　パリのくまさん　チュートリアル　鬼越トマホーク　渡辺隆　スレンダーパンダ　ツイタチ
コードチャンネル　ネギゴリラ　発熱スニーカー　タイムキーパー　ゾフィー　サイトウナオキ　上田航平　ノブ
ウイスキーカノン　ビスケットブラザーズ　春とヒコーキ　ラタタッタ　エルフ　みょーちゃん　演芸おんせん
阪本　パルテノンモード　なだぎ武　シャンプーハット　鈴木もぐら　ジャパネーズ　増田英彦　マーメイド
部　佐竹正史　日村勇紀　卓球芸人ぴんぽん　山田ルイ53世　スーパーサイズ・ミー　コンピューター宇宙　はら
兼近大樹　魂の巾着　初恋タロー　アーモンドクラッシュ　ニードル　松崎克俊　どんぐり兄弟　都築拓紀
号　南條庄助　ブロードキャスト!!　後藤淳平　ぬまんづ　吉本拓　新宿カウボーイ　ブラゴーリ　藤森慎吾
隆　ヒガスミ　イチオク　オジンオズボーン　櫻井健一朗　すぐる画伯　フランポネ　ドドん　くりぃむしちゅー
ーグル溝神　たける　エル・カブキ　ゴヤ　丸亀じゃんご　ボク　ときヲりぴーと　テンダラー　シティボーイズ
ぽぽ　ミサイルマン　チャラ男番長　松原タニシ　福徳秀介　ツートライブ　モグライダー　新町　礼二　鬼ヶ島
豊　マイスイートメモリーズ　愛ちゃん　六六三六　田園劇場　田村境祐　にしね・ザ・タイガー　金魚番長
らべ　ぬまっち　水川かたまり　水田信二　まんぷくユナイテッド　翠星チークダンス　剛　TEAM BANANA
しつばさ　新宿のめる・はける　ふたりはリバース　浅越ゴエ　ヤマト　おこたしゃべり　ノーサイン　べんがるとら
スポーツ　エレキコミック　やついいちろう　粗品　今立進　南海キャンディーズ　ぴっかり高木　中西茂樹
トボールアワー　横澤夏子　まかろにステーション　アントワネット　武智　ドーナツ・ピーナツ　大林宜裕
セス　土佐兄弟　ジャンク　千原兄弟　川島明　冨山麗璃　宮戸洋行　富澤たけし　房野史典　きむ

麒麟 すゑひろがりず 岡田直也 見取り図 リリー 佐藤直輝 NON STYLE 村本大輔 シソンヌ 田中
イワクラ EXIT ゆにばーす 渡部おにぎり 中川家 和牛 川谷修士 コマンダンテ あかまる MASAK
フワちゃん ゆめっち 福田麻貴 かなで 綾部祐二 ティモンディ 前田裕太 高岸宏行 荒川 囲碁将棋
野田クリスタル 村上 石橋貴明 オリエンタルラジオ 多田智佑 ぺこぱ 黒田大樹 東京ホテイソン
井尻貫太郎 勝呂祐介 かみちぃ 東ブクロ 霜降り明星 森本晋太郎 太田博久 ダウンタウン 松下遼
バナナマン コアラ小嵐 洲崎貴郁 陣内智則 レイザーラモンRG 楢原真樹 塚田裕輝 堀内健 お抹
森本英樹 四千頭身 きつね 高松新一 有吉弘行 ナイツ サンドウィッチマン 中野周平 宮下草薙
めざめるパワー 木﨑太郎 又吉直樹 四天王 街裏ぴんく コウテイ 月亭八光 田中一彦 野性爆弾 藤
スピードワゴン サンキュー安富 小沢一敬 宮地謙典 サカイスト 斉藤正伸 ハナコ 山田健人 菊田竜大
エンペラー ミキ アインシュタイン 相席スタート 三拍子 篠宮暁 令和ロマン 令和喜多みな実 河野
パッション屋良 林田洋平 大自然 下村啓太 アンジャッシュ シカゴ実業 中川ひちゃゆき 山本プロ野球
向井慧 稲田直樹 井下好井 ネルソンズ パペットマペット しずる デニス コットン ますだおかだ
原西孝幸 ハリウッドザコシショウ 紅しょうが 次長課長 こいで アルコ＆ピース じろう コラア
まんじゅう大帝国 お見送り芸人しんいち ちからこぶ パーパー ほしのディスコ あいなぷぅ 青色1号
放課後ハートビート GAG マユリカ ゼンモンキー トム・ブラウン ジソンシン おしみんまる アイク
トンツカタン まいあんつ スーパーマラドーナ トミドコロ ロングコートダディ 兎 津田康平 堂前透
ナイチンゲールダンス ランジャタイ 山崎ケイ ひぐち君 高倉陵 酒井孝太 国崎和也 オドるキネマ 鈴
吉田たち ジグロポッカ ザ・ギース KANAIWA 空飛ぶリビング 名倉潤 吉村憲二 スタンダップコー
TCクラクション 大川知英 ザ・マミィ ヨージ プラス・マイナス 田村裕 森田哲矢 キズマシーン セ
ラランド ヤーレンズ こがけん フライドポテト モダンタイムス とんねるず ゆったり感 ななまがり シ
サンシャイン池崎 サンシャイン 西村ヒロチョ 永沢たかし アイデンティティ ジンカーズ アキナ 村上純
村上 加納 吉村崇 サスペンダーズ くっきー！ りんたろー。 河井ゆずる 小林圭輔 千原ジュニ
リンダカラー Dr.ハインリッヒ 三福エンターテイメント おせつときょうた まーぶん 黒帯 ヒコロヒー
葉桜 淡路幸誠 ジャングルポケット 9番街レトロ 川瀬名人 2丁拳銃 テツandトモ 吉本大 アホロー
ダブルヒガシ span! はる さんさんず ヒューマン中村 すっちー おほしんたろう ネプチューン イン
博多華丸・大吉 長谷川忍 お～い！久馬 爆ノ介 爆笑問題 濱家隆一 パラシュート部隊 ライセンス
ピンタンパン 大仰天 新作のハーモニカ デルマパンゲ R藤本 ラフ次元 トータルテンボス バカリズム
スギちゃん 鳥山大介 真空ジェシカ 澤部佑 ながち ネイチャーバーガー サルゴリラ 伊藤幸司 ガー
うるとらブギーズ ガラララーガ 堀川ランプ 兵藤大樹 大久保八億 メンバー ラブレターズ シマッシュレコ
大悟 そいつどいつ チャイルドプリンス バイザウェイ小澤 にしむらベイベー シゲカズです チュランペ
テクニック。 ウーマンラッシュアワー ナナヒトニ 超E人世間 岩井勇気 ハラコ ビスケッティ 岩橋淳
安田邦祐 ヴァンパイアリゾット 赤もみじ 長谷川雅紀 ママタルト 石井輝明 ピース とろサーモン
ドンデコルテ 未知やすえ ベリッシモ ウエストランド 山内健司 福田フェイフェイ 藤井隆 タイムマシ
村民代表南川 ササタニ 設楽統 エレ片 どぶろっく 畠中悠 メルヘン総長 ショウショウ 和賀勇介
浜田雅功 きんめ鯛 やす子 フースーヤ レモンティー 若林正恭 山田ドゥ 井戸田潤 あべてつあき 紅く
ねこ屋敷 ハンナッシュベティー パーフェクト・ダブル・シュレッダー 和田崇 門野鉄平 もりやすバンバンビ
スカイサーキット ウメ 神谷ウメボシ ジャガモンド 大谷健太 池田一真 デッサンビーム なみちゃん
いかすぜジョナサン 内村光良 黒ラブ教授 マルセイユ リップグリップ まぼろしのアレ ラングレン 大浜
そいそ～す ムーンサルト小林 モンスーン 福井俊太郎 忘れる。 ゴリラコーポレーション kento fukaya
九月 JP 島田珠代 オクラホマ 千葉公平 海原やすよ ともこ 安田善紀 激情ブルース 笑福亭希光
ガリットチュウ タイガー福田 モグモグパクパク ニコ 山添寛 寺田寛明 TIM 絶対的7% モシモシ
松陰寺太勇 うただ 太田光 ニゲルベ 加藤ミリガン おちもり おおぞらモード バイク川崎バイク Dr.

柚香光　三浦宏規　植田圭輔　荒木宏文　高野洸　井上芳雄　宝塚歌劇団月組
亜　礼真琴　立石俊樹　朝美絢　海宝直人　村井良大　太田基裕　黒羽麻璃央
き　真風涼帆　上白石萌音　堂本光一　北村諒　立花裕大　梅津瑞樹　本田礼生
琢磨　中村倫也　東啓介　仲田博喜　山口祐一郎　濱田めぐみ　劇団スカッシュ
希　平間壮一　甲斐翔真　上原理生　北園涼　赤澤遼太郎　猪野広樹　月城かなと
輔　稲垣吾郎　佃井皆美　古家蘭　鳥越裕貴　矢崎広　柿澤勇人　彩風咲奈
宝塚歌劇団　平方元基　天華えま　TEAM NACS　山本耕史　佐々木喜英
剛　赤澤燈　鈴木勝吾　清水一輝　戸塚祥太　大平峻也　高崎翔太　小瀧望
陽　上口耕平　和希そら　咲妃みゆ　三浦涼介　田村芽実　陳内将　小南光司
藤裕一　財木琢磨　市村正親　佐野正幸　椎名鯛造　神宮寺勇太　植原卓也
矢田悠祐　藤田玲　廣瀬友祐　定本楓馬　阿部サダヲ　久保田秀敏　越岡裕貴
之助　古田新太　水田航生　中山優馬　佐藤アツヒロ　丘山晴己　三津谷亮
佐奈宏紀　早霧せいな　内海啓貴　輝馬　中村誠治郎　音くり寿　永久輝せあ
岡村美南　木下晴香　三平果歩　生田絵梨花　溝口琢矢　桜井玲香　杉江大志
圭登　錦織一清　劇団☆新感線　天寿光希　上川一哉　東山義久　涼風真世
勇之介　反橋宗一郎　里中将道　内藤大希　谷口賢志　美弥るりか　辰巳雄大
貴　正木郁　上田堪大　佐藤智広　谷原志音　渡辺和貴　松田岳　松村龍之介
紅ゆずる　池田純矢　安蘭けい　小西成弥　山崎晶吾　廣瀬大介　中山優貴
石川禅　岡幸二郎　宝塚歌劇団星組　堀田竜成　谷佳樹　安田顕　芝清道
綺城ひか理　野口準　市川猿之助　綾凰華　神里優希　一路真輝　井澤巧麻

村優　岩城雄太　木内健人　瀬戸啓太　大隅勇太　宝塚歌劇団雪組　吉野圭吾
侑　松井勇歩　佐藤永典　北川尚弥　宝塚歌劇団花組　音尾琢真　富田麻帆
耶　御堂耕平　元木聖也　石渡真修　吉岡佑　鯨井康介　横田栄司　池岡亮介
瀬戸康史　蓮つかさ　島村幸大　上遠野太洸　飯田洋輔　彩みちる　井阪郁巳
石井陽菜　小坂涼太郎　大空ゆうひ　細貝圭　三好大貴　安達勇人　相澤莉多
大泉洋　飯山裕太　橋本全一　坂東玉三郎　黒木文貴　河合龍之介　森崎博之
田剛　磯野大　田淵累生　猪塚健太　砂川脩弥　南圭介　昆夏美　春野寿美礼
楊琳　小林亮太　亜音有星　土居裕子　河合郁人　ジェシー　一和洋輔

京本大我　鈴木拡樹　荒牧慶彦　佐藤流司　和田雅成　明日海りお　岡宮来夢　古
加藤和樹　牧島輝　望海風斗　浦井健治　水江建太　崎山つばさ　有澤樟太郎
山崎育三郎　城田優　松下洸平　高橋健介　染谷俊之　劇団4ドル50セント　七
橋本祥平　藤ヶ谷太輔　田中涼星　木村達成　中川晃教　松下優也　相葉裕樹
珠城りょう　田代万里生　山崎大輝　笹森裕貴　糸川耀士郎　玉城裕規　田村心
花總まり　室龍太　寺西拓人　坂本昌行　安里勇哉　水美舞斗　大野拓朗
松田凌　瀬央ゆりあ　馬場良馬　成河　劇団四季　真彩希帆　蒼木陣　朝夏
愛月ひかる　長江崚行　今江大地　高本学　平野良　廣野凌大　横田龍儀
桐山照史　鳳月杏　石丸幹二　森崎ウィン　早乙女太一　阿部顕嵐　伊万里有
永田聖一朗　神山智洋　永田崇人　柚希礼音　厂原時也　田村升吾　和合真一
松岡広大　近藤頌利　星元裕月　世古口凌　滝澤諒　飯田達郎　桜木みなと　高井
暁千星　福田悠太　浜中文一　華優希　愛希れいか　國藤剛志　上川隆也
山本一慶　北翔海莉　木津つばさ　第7世代実験室　宮野真守　健人　宮崎湧　小
後藤大　小西詠斗　上田竜也　稲垣成弥　片岡仁左衛門　多和田任益　藤原祐
須賀京介　彩凪翔　中村太郎　小松準弥　小野田龍之介　富田翔　大山真志
凰稀かなめ　阪本奨悟　鷲尾修斗　小泉萌香　林翔太　校條拳太朗　清水大星
宮澤佐江　加藤迪　粟根まこと　高橋一生　新納慎也　伊礼彼方　辻本祐樹
彩海せら　彩吹真央　佐藤隆紀　山本紗衣　安西慎太郎　瀧山久志　雷太　鹿
佐藤信長　岡田達也　阿久津仁愛　加藤将　縣千　納谷健　橋本さとし　福
舞空瞳　藤岡正明　原嘉孝　秋葉友佑　湯本健一　牧田哲也　岩田陽葵　田中
戸次重幸　米原幸佑　縣豪紀　上仁樹　松崎祐介　風間柚乃　山沖勇輝　音月桂
武子直輝　藤原竜也　極美慎　桜庭大翔　橋本真一　加藤大悟　田中彰孝
千葉瑞己　吉原光夫　中河内雅貴　鵜飼主水　味方良介　尾上右近　聖乃あすか
寺本晃輔　桐田伶音　岸祐二　玉置玲央　川井雅弘　瀬戸かずや　渋谷天笑　内野
今井清隆　美羽愛　凪七瑠海　設楽銀河　松島庄汰　入野自由　大見拓土　須永
鈴木壮麻　岡本圭人　伊崎龍次郎　丸山泰右　山田ジェームス武　Good ketchu
中尾暢樹　宮崎秋人　屋良朝幸　郷本直也　押田柊　秋沢健太朗　安井謙太郎
藤井流星　若松春奈　劇団プレステージ　高橋龍輝　栗生みな　松田昇大

田中彪　中村米吉　菊池修司　二葉勇　佐久間仁　北乃颯希　紫門ゆりや　長妻怜央　樋口麻美　中村鷹之資
越勇輝　田渕法明　潤花　工藤大夢　一ノ瀬竜　宮下雄也　江田由紀浩　杉山真宏　栗原英雄　平松來馬
紀　前田隆太朗　松本岳　川上将大　唯月ふうか　日向野祥　友常勇気　川隅美慎　竹内將人　今村ねずみ
平井雄基　田邊真也　輝月ゆうま　百瀬朔　髙橋颯　阿部快征　麻実れい　中村隼人　有沙瞳　栗田学武
澤邊寧央　天飛華音　野村萬斎　法月康平　松本幸大　下村青　ヨーロッパ企画　蒼舞咲歩　宮原浩暢
勝村政信　野村有志　千葉雄大　柴小聖　松原剛志　笠松哲朗　段田安則　堤真一　矢部昌暉　恒川愛
大音智海　遠山裕介　岩崎悠雅　福原英樹　佐川大樹　皆木一舞　名古屋山三郎　氏家蓮　新井雄也
健太　池永英介　田口司　山田健登　松たか子　青山弥生　岩崎晋也　小林唯　田鶴翔吾　白石康介
布施勇弥　松本幸四郎　大河元気　桑野晃輔　松村優　中尾拳也　菜々野あり　八島諒　江本光輝
神越将　吉田宗洋　今井朋彦　松浦司　伊勢大貴　七木奏音　渡部将之　山﨑玲央　剣幸　宮本充
光博　田中晃平　小沢道成　石坂勇　花組芝居　眞嶋秀斗　武藤志織　福井巴也　服部武雄　兼崎健太郎
百名ヒロキ　末原拓馬　榊原徹士　彩音星凪　横井漱　小早川俊輔　土井一海　内田健司　入江雅人
大澄賢也　月乃だい亜　松本慎也　宮野怜雄奈　横尾瑠尉　水乃ゆり　長谷川聖　冨田浩児　君沢ユウキ
荒一陽　門山葉子　馬場徹　TAKA　柿喰う客　川原正嗣　天輝レオ　向井理　ウエンツ瑛士　三宅健
子安置システム　伊藤寛真　山崎樹範　高橋基史　小関裕太　橋本良亮　小田春樹　鈴木涼太　霧矢大夢
数　高橋卓士　伊藤綾祐　山路和弘　内海雅智　由村鯨太　朝木陽彩　道井良樹　正木棟馬　根本正勝
矢代卓也　今牧輝琉　中村蒼玉　山根理輝　真下玲奈　谷恭輔　可知寛子　劇団時間制作　高翔みず希
向　永瀬千裕　木ノ本嶺浩　森山未來　中島一博　平野綾　和音美桜　山木透　天路そら　西川大貴
香寿たつき　亀井英樹　宮尾俊太郎　ウチクリ内倉　増田璃生　紫藤りゅう　梅棒　大塚祐也　新正俊
いとうらんま　浅井唯香　鈴木永梨奈　小笠原健　海沼千明　木山廉彬　塚本奈緒美　東山光明　藤原季節
健翔　石賀和輝　東達也　五十嵐啓輔　白又敦　小南満佑子　風花舞　吉川純広　漣レイラ　手塚とおる
う　西銘駿　安倍なつみ　日野真一郎　早乙女友貴　阿瀬川健太　今井翼　永石匠　中島礼貴　伊藤節生

三谷怜央　鈴木凌平　船木政秀　木戸邑弥　小澤雄太　高木トモユキ　大薮丘　植木歩生子　佐々木誠
崎理人　野口真緒　こだま愛　丸山ナオ　三井淳平　寿里　深澤悠斗　犬飼淳治　亀山貴也　山中由貴
溝端淳平　梅田悠　汐月しゅう　長谷部優　藤主税　植田慎一郎　五十嵐可絵　上野直人　安東秀大郎
奥谷知弘　中三川歳輝　澄輝さやと　ソニン　塩田康平　和泉宗兵　山本カナコ　富本惣昭　山内圭哉
町田尚規　加藤ひろたか　荒木宏志　小川代護　山田拓未　タカフジチヒロ　新妻聖子　劇団こふく劇場
山田元　穴沢裕介　朝水りょう　まりゑ　植草克秀　長尾卓也　岩田玲　株元英彰　湊璃飛　遠藤誠

小池徹平　ムロツヨシ　岡本健一　池田成志　尾上松也　宝塚歌劇団宙組　橋本淳　神田恭兵　宇野結也　佐
姜暢雄　岩城直弥　良知真次　植野堀誠　帆純まひろ　高橋怜也　政所和行　橋本汰斗　東拓海　眞ノ宮る
太田将熙　星風まどか　高田淳　吉田知央　久保田悠来　小野塚勇人　久下恭平　本西彩希帆　福地教光
北澤裕輔　遊馬晃祐　松本白鸚　掛川僚太　髙﨑俊吾　木村優良　林田航平　萩原隆匡　中井智彦　中村勘
佐々木蔵之介　和海しょう　塩澤英真　岡本瑞恵　小野賢章　竹内涼真　吉田広大　沖野晃司　加藤健一
徳山秀典　宇乃徹　吉田翔吾　飛龍つかさ　花奈澪　岸優太　青木玄徳　劇団壱劇屋　吉沢亮　坂口実
丸山敦史　新原泰佑　佐伯大地　大原櫻子　優希しおん　山吹ひばり　文永傑　田中哲司　大貫勇輔
星璃　唐橋充　宮城紘大　わらび座　安部三博　天海祐希　山﨑玲奈　佐藤弘樹　青柳塁斗　秋音光
川島如恵留　鈴木遥太　古谷大和　土屋佑壱　佐伯亮　瑠風輝　釣本南　畠山遼　木村奏絵　石川
劇団スタジオライフ　風間由次郎　高畑充希　三上陽永　瀬川拓人　加藤虎ノ介　横井翔二郎　渡辺碧斗
石橋弘毅　中井善朗　野田裕貴　汐崎アイル　五所真理子　大内厚雄　前田悠雅　小林親弘　石田隼　坪倉康
橘龍丸　野口オリジナル　大久保祥太郎　篠井英介　森田和正　千海華蘭　森下亮　磯貝龍乎　阿部よ
内博貴　彩乃かなみ　宮田俊哉　西谷内海由　濵田崇裕　保坂知寿　梅田彩佳　寺脇康文　森田桐矢　中
天才劇団バカバッカ　戸井勝海　森屋正太郎　富園力也　後藤晋彦　岸本勇太　加藤翔多郎　OSK日本歌
河合健太郎　虹架路万　鈴井貴之　大人計画　浦彩恵子　小林風花　澤村國矢　大地真央　赤間直哉
加藤瞳　志尊淳　生駒里奈　小栗旬　佐野瑞樹　夢咲ねね　増田裕生　永井幸子　松岡茉優　パラド
岡本悠紀　小林エレキ　柄谷吾史　能登英輔　山口優太　韓盛治　咲城けい　阿久津陽一郎　華月奏
塚本凌生　平賀勇成　菅原りこ　中島大　二橋純　生田輝　鈴本務　石坂史朗　田中精　武田浩二
早乙女じょうじ　梅澤裕介　麻田キョウヤ　小林涼　辻凌志朗　スーパー・エキセントリック・シアター　坂東
稲葉光　岸谷五朗　村瀬文宣　馬庭良介　戸澤亮　斎藤洋一郎　小澤亮太　坂田隆一郎　平松可奈子　劇団
林明寛　吉田青弘　毎熊宏介　姿月あさと　町田兼一　音波みのり　真瀬はるか　中村嶺亜　花塚廉太郎
赤星マサノリ　唐十郎　デッドストックユニオン　立山誉　森公平　川原和久　石川翔　大塚晋也　福澤希空
鈴木祐大　浮谷泰史　藤原薫　上田悠介　瀬奈じゅん　安井一真　谷水力　三浦海里　大木智貴　黒木瞳
東千紗都　千葉恵佑　春瀬央季　才川コージ　関根翔太　竹ノ内大輔　坂下陽春　及川洸　中村龍介
影山達也　菊地まさはる　土居健蔵　大野瑞生　青羽ひかり　碧海さりお　書川勇輝　水谷あつし　佐藤
村田洋二郎　萩野崇　原田賢治　小波津亜廉　廣瀬真平　飯塚智基　福井将太　篠原功　神谷実玖　斉藤
飛山竜太　大川良太郎　岩永洋昭　村田充　鷲見友美ジェナ　谷沢龍馬　山本誠大　中島大地　小林豊
星加梨杏　大﨑捺希　坂垣怜次　宮崎理奈　平湯樹里　碧さやか　岩田華怜　美海そら　中村嘉惟人

建　菖蒲菜月　土屋直武　君島光輝　安崎求　徳岡希和　二葉要　博多華丸
敬慧　岡田さつき　中島拓人　中村裕香里　浅井海斗　笹本玲奈　美華えりか
デイビッド　永山たかし　やじりまおん　仙名彩世　川上献心　長尾寧音　蘭寿とむ
田中音江　川村英　永田俊樹　関野ひとみ　酒井善史　松元恵美　西田有愛
亀梨和也　及川崇治　田中温子　田邊祐真　名嶋あゆみ　古谷蓮　実咲凜音
中村芝のぶ　神永東吾　村俊英　久世星佳　金本泰潤　湖月わたる　羽立光来
根渕章洋　吉賀陶馬ワイス　塚田拓也　荒川務　綺咲愛里　岩田知樹　藤影ゆら
大　青柳尊哉　甲本雅裕　伊藤新　前園かえで　奥田洋平　妃海風　日比のどか
ひなた　松田裕　夢奈瑠音　高峰潤　砂塚健斗　高田聖子　林勇輝　瀬戸祐介
早川剛史　星空美咲　高野愛　前川健二　水津安希央　茂山逸平　安田裕
真衣ひなの　梅林亮太　永野亮比己　咲田雄作　朝田淳弥　牛山茂　天彩峰里
藤間直三　小林竜之　侑輝大弥　宮城茂雄　川平慈英　ユースケ・サンタマリア
郎　安井順平　生粋万鈴　風色日向　清水浩智　稀羽りんと　蘭乃はな
光　井立天　岐洲匠　真弘蓮　貴水博之　えまおゆう　田中秀哉　劇団青い鳥
栗原大河　桜町たろ　虚構の劇団　山川ありそ　有馬自由　蒼井翔太　萬腹企画
野本ほたる　イキウメ　木村昴　レノ聡　劇団６番シード　竹内夢　今出舞
里　神崎七重　紫吹淳　尾上菊之助　澤村蓮　波乃久里子　劇団俳優座　渡辺聡
隆三　星秀美　Mono-Musica　高橋紗妃　寺坂尚呂己　久ヶ沢徹　大沢たかお
薮宏太　折井理子　瓦谷龍之　ぽこぽこクラブ　橘りょう　日髙世菜　新里宏太
木将康　倉沢しえり　内田隼人　オハヨウ劇場40分！　萩原好峰　七五三掛龍也
伊藤彩沙　坂東彦三郎　森宮ゆず　神野三鈴　真嶋真紀人　原田樹里　原田優一
コンドルズ　駒田一　カズ祥　片岡孝太郎　仲坪由紀子　三枝聖　森本竜馬
団レトルト内閣　竹内菜那子　澁木稜　三田和代　大高洋夫　田中翔　永嶋柊吾
人　風間俊介　竹財輝之助　髙橋果鈴　中村壱太郎　荒井敦史　石井一彰
宮吏桜　林野健志　モリノリク　渡辺コウジ　天晴◎お気楽事務所　橋口俊宏　ちお
渡邉茂人　井上正大　今村洋一　椿りょう　石井建太郎　宮川智之　小野絢子
倉孝二　高野和憲　町島智子　陰山泰　鐘ヶ江洸　渡部出日寿　ナイロン100℃
金すんら　劇団シブパ　國島直希　シベリア少女鉄道　演劇集団キャラメルボックス

夢麻呂　青木瞭　井内勇希　髙木聡一朗　上山航平　山下泰明　当銀大輔

ロロ　キムラ緑子　諏訪雅　五十嵐拓人　真琴つばさ　福島海太　柏木佑介

大東駿介　増子敦貴　西島顕人　石井一孝　瑠璃花夏　田中尚輝　真友月れあ

片岡りき彌　綾切拓也　柳瀬大輔　久保佳那子　井上希美　松田将希　ソフトボ

大窪人衛　秋元龍太朗　横山だいすけ　千葉真大　一之瀬航季　竹内一樹　権頭

優音颯来　夢月りく　醍醐虎汰朗　蘭尚樹　福麻むつ美　天希ほまれ　船橋拓

山崎遥香　松本祐一　曽世海司　三咲大樹　福田薫　白柏寿大　鷹翔千空　一洸

泰江和明　高橋祐理　川崎愛香里　井深克彦　田中克哉　朝海ひかる　佐野真白

鈴木雅也　鎌田誠樹　朝隈濯朗　平埜生成　長谷川かすみ　小沼将太　峰果とわ

大竹しのぶ　紅羽真希　國森桜　松岡充　西川浩幸　涼香希南　宮沢氷魚

朝月希和　舞月なぎさ　加藤良輔　谷口ゆうな　緑川良介　赤猫座ちこ　白河

汀夏子　久城あす　武田真治　堀越せな　十碧れいや　斎藤このむ　大塩ゴウ　佐

戸田恵子　劇団チョコレートケーキ　桂憲一　辻響平　神木優　柏進　青

沙月愛奈　伊藤雨音　五十嵐雅　凛城きら　江副貴紀　山本大智　前川ゆう　佐

星乃勇太　池田謙信　村松洸希　田中亨　吉田邑樹　劇団山の手事情社　岩崎祐

深澤大河　林佑樹　大野紘幸　古畑恵介　名古屋虎之助　小松和重　劇団おは

長谷川桂太　大鶴佐助　*pnish*　成松慶彦　塩野瑛久　山脇辰哉　高田舟　椎

ねこみゆき　久道成光　向井彩華　松井工　長谷川純　吉田玉男　富沢たかし

髙木雄也　正門良規　伊波杏樹　加藤靖久　佐藤友咲　八乙女光　橋本涼　川村

ゴジゲン　榊原あみ　滝川華子　三咲春樹　劇団 Patch　梅原サエリ　沢木順

名古屋山之助　名古屋虎三郎　長嶺慧　百花亜希　登堂結斗　樫澤優太　松坂桃

辻本耕志　田村雄一　清典　藤林美沙　貴城けい　中村海琉　勝地涼　大海

チャイロイプリン　劇団番町ボーイズ☆　水野以津美　緑川睦　山野光　齋藤ヤスカ

茂山宗彦　劇団 S.W.A.T！　恋川純　松本みゆき　すずきつかさ　安川純平

透舞銘夢　大嶺巧　鳳蘭　三山凌輝　舘形比呂一　三石琴乃　音楽座ミュージカ

加納幸和　川口竜也　八田浩司　前田亜季　升毅　倉本発　舞川みやこ　石川

天野翔太　福永悠二　八代進一　堂本翔平　南條のぼる　松居大悟　モリマリコ

西ノ園達大　山下啓太　渡部豪太　風間杜夫　熊手萌　足立英昭　媛上らんの　知

NHK「あさイチ」制作班

『あさイチ』はNHK総合テレビで放送している朝の情報番組。中でも2020年10月5日にスタートした「教えて推しライフ」は、2024年2月14日＆19日の「バレンタインに届け！この思いSP」まで、現在19回にわたって放送されている超大人気企画。

企画協力

NHK「あさイチ」制作班

制作協力

NHKエデュケーショナル

STAFF

編集協力

倉本由美

（「教えて推しライフ
心理カウンセラー浮世満理子が語る」）

装丁

大橋千恵＋石井志歩＋吉村 亮
（Yoshi-des.）

挿画・挿絵

はしゃ

NHK あさイチ 教《おし》えて推《お》しライフ

推《お》し活《かつ》大《たい》全《ぜん》

2025年4月30日　第1刷発行

著　者　NHK「あさイチ」制作班《せいさくはん》
発行者　岩瀬朗
発行所　株式会社集英社インターナショナル
〒101-0064　東京都千代田区神田猿楽町1-5-18
電話　03-5211-2632
発売所　株式会社集英社
〒101-8050　東京都千代田区一ツ橋2-5-10
電話　読者係　03-3230-6080
販売部　03-3230-6393（書店専用）
印刷所　株式会社DNP出版プロダクツ
製本所　加藤製本株式会社

ISBN 978-4-7976-7462-0 C0095

JASRAC 出 2501800-501